가장 보통의 드라마

KB074954

가 장
보통의
드라마

드 라 마 제 작 의
슬 픈   보 고 서

이한솔 지음

P 필로소픽

목차

그들이 사는 세상

"촬영장에서 스태프들이 농담 반 진담 반 건네는 '노동 착취'라는 단어가
가슴을 후벼 팠어요. 물론 나도 노동자에 불과하지만,
적어도 그네들 앞에선 노동자를 쥐어짜는 관리자 이상도 이하도 아니니까요.
하루에 20시간 넘는 노동을 부과하고 두세 시간 재운 뒤 다시 현장으로
노동자를 불러내고 우리가 원하는 결과물을 만들기 위해 이미 지쳐있는
노동자들을 독촉하고 등 떠밀고 제가 가장 경멸했던 삶이기에 더 이어가긴
어려웠어요."
– 이한빛PD 유서 중 –

이 책은 조롱당하기 쉬운 책이다.

나는 드라마를 한편도 찍어보지 않았고, 드라마 평론조차 쓴 적
이 없다. 예능보다 드라마를 더 좋아하는 유형의 평범한 시청자일
뿐이다. 업계에 발가락도 담근 적 없는 내가 펴낸 이 책이 드라마
세상의 '꾼'들에게는 비웃음거리일 수 있으리라.

그들에게 비웃음거리가 되는 것이 두렵지는 않다.

2016년 가을, 나는 사랑하는 친형 이한빛PD를 떠나보냈다. 한빛이 형은 드라마 〈혼술남녀〉의 조연출로 있으면서 드라마 현장에 쌓인 문제들을 바꾸고 싶어 했다.

그해 가을이 지나 이듬해 여름까지 나는 형이 해결하고 싶어 했던 드라마업계의 케케묵은 문제들을 찾아다녔다. 문제들을 찾아다니기 시작하면서, 보통의 시청자인 내게 '아무것도 모르는 놈들이 나댄다'라는 조롱은 지난한 일상이었다.

'고인을 핑계로 우리 회사 사람들의 명예를 훼손하지 말라'는 협박을 유가족에게 거침없이 하는 사람도 있었다. 형이 실종된 날, 어머니는 방송국 선임PD에게 아들의 생사를 확인받은 게 아니라, 고인의 근태가 얼마나 불량했는지를 '설명'들어야 했다. 어머니는 초조한 마음에 그 자리에서 선임PD에게 사과하였고, 몇 분이나 지났을까, 곧바로 형의 죽음 소식을 듣는 끔찍한 경험을 하셨다. 회사가 책임을 회피하고자 벌인 만행이었다. 그때 그 시간 이후 '방송판'의 그들에게서 웬만하면 받기 힘든 수위 높은 모욕을 견뎌왔는데, 그깟 조롱이 문제랴.

'카메라 뒤에 사람이 있다.'

너무나 당연한 사실은 기존의 드라마 현장에서는 상식이 아니었다. 시스템의 부품이 되지 못할 경우, 사회부적응자 취급을 받았다. 꿈을 가지고 업계에 들어온 수많은 이들이 일회용품처럼 소모되고 상처받아 현장을 떠나고 있는데도, 방송국과 제작사는 계속해서 현재의 시스템을 유지했다. 이 시스템으로 더 많은 이익을 얻을 수 있었기 때문이다. "이 바닥은 원래 그렇다." 모두가 기계처럼 같은 말만 반복했다.

하지만 2017년 4월부터 반전은 시작되었다. 아무것도 모르면서 괜히 문제를 만들지 말라던 방송국의 높으신 그들의 조롱이 무색하게도, 나와 나의 동료들(tvN 혼술남녀 신입조연출 사망사건 대책위, 이하 대책위)은 대기업 방송국의 직접적인 책임을 인정하게 했고, 재발 방지 대책 약속과 CEO의 사과를 받아낼 수 있었다. 드라마업계의 '꾼'들 누구도 상상하지 못했던 결과였다.

드라마업계에 발가락 하나 담근 적 없는 우리가 이뤄낸 기적은 방송 현장 노동자들이 적극적으로 지지를 보내준 덕분에 가능했던 일이다. 드라마 문외한인 우리의 움직임이 현업 종사자들의 적극적인 지지를 받을 수 있었던 이유는 문제를 다르게 바라보는 '시선'에 있었다. 특별한 시선이 아니다. 드라마업계 바깥에서 업계를 들여다보는 가장 보통의 시선, '카메라 뒤에 사람이 있다'는 사실을 바라볼 수 있는 시선.

드라마와 관련된 스포트라이트는 주연배우와 메인PD, 스타작가의 성공담만을 비춘다. 연출자의 참신한 기획의도, 주연배우의 명연기 혹은 이미지 변신, 스타작가의 남다른 스토리 등의 주제들만 대중들에게 노출된다.

그리고 그들의 입에서는 종종 '힘들었던' 이야기가 나온다. '좋은' 메인연출이 되기 전, 수많은 밤을 지새워야 했던 자신의 '응답하라 조연출 시절' 이야기나, '좋은' 드라마가 만들어지기까지 하루가 멀다 하고 현장의 위기를 뼈를 깎는 노력과 의지로 극복했던 '슬기로운 드라마 제작 생활' 같은 이야기 말이다.

그들이 각색한 파란만장 드라마 성공담을 가장 보통의 시선으로 본다면 어떨까?

뼈를 깎는 노력으로 수많은 밤을 새워 일을 하면, '근로기준법 위반'이다. 방송국이 '좋은 드라마'가 아니라 '좋은 드라마의 할아버지'를 만든다고 해도 직원들이 한 주에 100시간을 일하고 있다면, 이들의 실질적 사용자인 방송국 대표는, '범죄자'다.

현장에서 벌어지는 비윤리적 행위는 이뿐 아니다. 부지불식간에 발생하는 인격모욕, 도제 문화로 인한 폭력적인 업무 지시, 계약 형태의 문제에서 발생하는 현장의 갑질, 빈번히 발생하는데도 드러나지 않는 성폭력 역시 드라마 제작 현장의 현실이다.

그들의 파란만장 역경 극복 성공담을 보통의 시선에서 보자면, '범죄도시'에 가까운 하드보일드 범죄 드라마일 것이다. 그들은 최소한 드라마 현장의 비윤리적 현실을 외면하고 방기한 방조자 혹은 동조자이며, 더 나아가서는 공범들이다.

지난 2년 반 동안, 어두운 드라마 현장에 하나의 빛줄기라도 넣어보고자 열심이었다. 현장의 문제를 분석하고 드러내는 일을 하는 동안 내가 드라마 제작의 전문가일 필요는 없었다. 다만, 보통의 시선으로 화려한 조명의 어두운 뒤편을 바라보고, 그곳에서 일하는 사람들에게 진심 어린 말을 거는 일이 나의 역할이었다.

그렇게 이 책은 드라마 제작 현장에 대한 가장 보통의 이야기를 담았다. 멋진 연예인과 성공한 연출가의 목소리는 이 책에 없다. 그간 들을 수 없었던 현장의 목소리, 발화되지 못했던 가장 보통의 목소리가 이 책을 채우고 있다.

이 책은 '그들이 사는 세상'에 대한 이야기이다.

드라마 〈혼술남녀〉 이후에도 〈화유기〉, 〈킹덤〉, 〈서른이지만 열일곱입니다〉, 〈아스달 연대기〉 등의 드라마를 촬영하다 사람이 다쳤다거나 사망했다는 끔찍한 소식이 연이어 들려왔다. 그런데도 여전히 카메라 뒤의 노동자들이 자신의 이름을 걸고 현장의 이야기를 꺼내기란 불가능에 가까웠다. 한빛PD가 당했던 것처럼, 말 한 번 잘못 놀리면 "이 바닥에 발 못 붙이게 할 거야"라는 협박을 들었다. 노조에 가입하거나 문제를 제기한 사람이 '왕따'를 당하거나 다음 작업에서 배제되는 일은 비일비재했다. '힘든 건 잘 알지만 이렇게 찍을 수밖에 없다', '예전엔 이것보다 더 심했다'는 말로 합리화하는 내부의 분위기는 아직도 당연하게 받아들여졌다. 장기간 폐쇄적으로 작업이 진행되는 드라마 현장의 특성상, 내부의 자생적 변화를 기대하기는 어려운 상황이다.

이 공고한 벽에 균열을 내기 위해서라도 때로는 내부자보다는 외부자의 시선이 필요하다. 한빛PD는 오늘날 드라마 제작 현장의 힘없는 사람들, 말 못하는 사람들의 이야기를 세상에 전하려고 한 몇 안 되는 사람들 중 하나인지도 모른다. 나는 그 작업을 대신하고 있을 뿐이다. 나는 드라마업계의 이해관계와 구조에서 자유롭기 때문에, 노동자의 편에 서서 보통의 시선으로 드라마 제작 현장을 그리는 이 책이 의미를 가질 수 있으리라 생각한다.

이 책은 드라마 제작 현장을 이야기하고 있지만, 드라마 제작 관련 직군에 꿈을 품은 사람들에게 제공하기에 유익할 만한 정보는 없다. 2년 하고도 반년 전에 기를 쓰고 싸워 사과를 받아내려고 했던 그 방송국이 〈혼술남녀〉, 〈도깨비〉 등의 히트작으로 승승장구하는 모습을 지켜보며, 그 방송국에 나온 모든 드라마를 이를 갈며 꾸역꾸역 모니터링했던 나의 악착같은 오기와 감성이 담겨 있다. 더불어 방송 노동자에게 희망을 가져다주길 바랐던 한빛PD의 유지를 이어나가기 위해 설립된 한빛미디어노동인권센터(약칭 한빛센터)의 피땀 어린 노력이 깃들어 있다.

카메라 뒤에서 겨우 버티고 있는 수많은 드라마 산업 종사자 역시 언젠가 방송국과 드라마 제작사들에게 사과를 받아내기 바란다. 노동자들과 내가 공유한 시선과 감수성이 오랜 시간 개선되지 못한 장벽으로 남아 있는 드라마 제작 현장의 고질적인 문제들을 해결하기 위한 작은 주춧돌이 되었으면 한다.

책은 크게 세 장으로 구성된다.

먼저 드라마 제작 시스템을 훑어본다. 제작 시스템의 큰 틀을 이해하고 있으면 오늘날 현장 종사자들이 장시간의 노동으로 고통받는 이유가 쉽게 설명되기 때문이다. 특히 한류 열풍 이후 고효율을 추구하는 제작 시스템으로 급속히 변화했는데, 이때부터 나타난 계약 방식의 문제를 비롯하여 거시적이고 구조적인 문제가 무엇인지 엿보고자 한다.

그다음은 방송 제작 현장에 있는 약한 고리들의 실제 이야기이다. 우선 드라마 현장에 불합리하게 자리 잡은 제도와 관행 및 문화를 정리하였다. 또한 조연출과 계약직, 여성과 아동·청소년 배우 등 촬영 현장의 약자들의 사례를 모았다. 제보와 상담, 그리고 책을 준비하며 만난 사람들의 인터뷰로 구성되었다. 비슷한 직군별 인터뷰를 함께 묶었으며, 이를 통해 촬영 현장의 문제점이 드러났으면 하는 바람이다.

마지막에는 카메라 뒤 사람들이 존중받는 드라마 제작 현장을 만들기 위한 대안을 제안한다. 한빛PD가 떠난 이후, 많은 사람들이 드라마 제작 현장의 문제를 해결하기 위해 머리를 맞대고 대안을 마련해왔다. 이들이 마련한 제도 개선안과 국내외 사례를 접목해 실제 종사자들에게 희망이 될 수 있는 방안들을 소개하려고 한다.

한빛PD의 죽음으로 시작된, 카메라 뒤의 사람들의 싸움은 아직 끝나지 않았다. 반짝이는 사람들로 가득한 드라마 뒤편의 어두운 제작 현장도 밝아질 때까지 이한빛은 현재진행형으로 남아있을 것이다. 아직 끝나지 않은 수많은 이한빛들의 이야기를 듣고, 그들을 비추는 하나의 빛으로 함께할 마음이 든다면 이 책에 담겨있는 더 많은 이야기를 읽어주시길 바란다.

유명작가나 연출가뿐 아니라, 카메라 뒤에서 지금도 열심히 뛰어다니고 있을 당신들에게 감사드린다. 촬영, 조명, 동시녹음, 음향, 미술, 장비, 스크립터, 의상, 분장, 무술, 특수효과, 후반작업팀, 작가, FD, AD, 기획, 제작, 조연출 등 각자의 영역에서 최선을 다하고 있을 드라마 제작 현장의 사람들에게 존중과 응원을 보내고 싶다. 이 책이 나와 같은 시청자들에게 공감대를 형성하고, 카메라 뒤에 가려진 이들에게 응원을 보내는 계기가 되었으면 한다. 문제를 적나라하게 드러내면서도, 현장에 종사하는 노동자들이 처음 꾼 꿈을 포기하지 않을 수 있는 제작 현장을 만드는 시발점이 되었으면 좋겠다.

더불어 고마운 분들이 참 많다. 신분이 노출될 수 있음에도 인터뷰를 해주신 모든 종사자, 기획과 퇴고에 참여해준 친구들과 편집자님, 한빛센터에 함께해주시는 상근자분들과 지윤, 경호, 하늬, 희조, 승연 이사, 방송 문제를 해결하기 위해 백방으로 뛰어다닌 활동가분들, 〈혼술남녀〉 문제를 잘 끝내준 청년유니온과 대책위분들, 사랑하는 부모님과 한빛 형에게 고맙다는 말을 전하고 싶다.

1장 풀샷
드라마 제작의 육하원칙

#1 상암동
이야기

AM 05:00

겨울이 다가오지도 않았는데, 상암동의 새벽은 제법 스산하다. 거대한 빌딩 숲 사이로 차가운 바람이 몰아치기 때문이다. 을씨년스러운 상암동의 꼭두새벽을 깨우는 사람들은 바로 드라마 스태프들이다. 이들은 촬영장 출발시간을 맞추기 위해 매일매일 새벽 버스를 타고 집결장소에 모인다. 거대한 산업 클러스트의 도시 상암동엔 수많은 직종의 사람들이 오가지만, 그중에서 드라마 스태프를 구별해내는 일은 매우 쉽다. 아직 가을인데도 한겨울에나 입을 법한 롱패딩으로 중무장한 사람들이 있다면, 모두 드라마 스태프이다. 밤샘 촬영이 일상인 이들에게 환절기 대비는 필수 중의 필수다. 한빛센터는 방송노동자들을 만날 겸, 종종 새벽 캠페인을 진행한다. 보통은 여의도역 3번 출구에서 모이지만, 때로는 상암동을 집합장소로 한다. 오늘은 상암동 MBC 앞에서 모여 출발하는 날이다. 메인PD가 촬영 준비를 위해 지시 내린 집합시간, 이른바 '콜타임'은 오전 7시로 잡혀있다. 주당 100시간이 넘는 장시간의 고강도 촬영스케줄이 이어지면서, 스태프들 얼굴에는 수척함이 그대로 묻어난다. 물론 처음 이 판에 뛰어들어 기대감이 부푼 채 차량을 기다리고 있는 사람도 눈에 들어온다. 새벽치고는 조용하지도, 도시치고는 시끄럽지도 않은 상암동의 새벽은 작품을 만들기 위해 떠나는 스태프들의 "이제 출발합시다!"라는 외침으로 시작된다.

AM 09:00

"이렇게 촬영하다 죽을 것 같아요."

캠페인이 끝나고 사무실로 돌아와 한빛센터의 '미디어신문고' 채팅창을 열어보니, 지난밤 중에 또 한 건의 제보가 들어와 있었다. 드라마 제목, 주연배우, 제작사명만 대면 대한민국 국민 누구나 알 수 있는 네임드 드라마 현장의 제보였다. 제보자는 벌써 3주째, 주당 120시간이 넘는 촬영스케줄을 버티고 있다며 살려달라고 호소했다. 현재 이 드라마는 매일 같이 연예뉴스 헤드라인을 장식하며 승승장구를 달리고 있었다. 그럴 수밖에 없는 것이, 메인PD는 청춘을 위로하는 드라마로 이미 대박작품을 낸 유명감독이었고, 주연배우는 노래와 연기를 넘나들며 대한민국에서 1등의 자리를 놓치지 않는 배우로, 그야말로 최상의 라인업을 갖춘 드라마였다.

> "'염전노예'가 된 기분입니다."
>
> "결국 누구 하나 또 죽어야 바꾸는 시늉이라도 하는 걸까요?"
>
> "코피가 나는 코를 부여잡고 다시 촬영장으로 향하는데, 눈에는 눈물만 흐르네요."

드라마 현장에 대한 끔찍한 제보는 이미 셀 수 없이 한빛센터로 들어오고 있다. 2018년만 하더라도 30개가 넘는 드라마 현장에 대한 제보가 무수히 쏟아졌다. 변하지 않는 현실을 쓰라리게 마주해야만 한다는 안타까운 감정을 단단히 부여잡고, 오늘 제보에 관한 대응을 준비한다.

이번 제보를 받고 제일 안타까웠던 점은 '심지어 이런 드라마마저도' 그렇다는 것이다. 해당 드라마는 제작비가 부족한 것도 아니었다. 천문학적인 제작비를 유명감독, 작가, 배우에게 쏟아붓는데도, 스태프는 지옥 같은 현장을 감당해야 한다. '정말 드라마 현장에는 노동을 존중하고자 하는 최소한의 양심도 없는 것일까?' 여러 가지 혼란스러운 마음을 뒤로 한 채, 차근차근 조사를 시작했다.

0월 4일 07:00 집합	0월 5일 01:00 종료(18시간 촬영)
0월 5일 07:00 집합	0월 6일 03:00 종료(20시간 촬영)

0월 6일 07:00 집합   0월 7일 04:00 종료 (21시간 촬영)

0월 7일 08:00 집합   0월 8일 02:00 종료 (18시간 촬영)

0월 8일 07:30 집합   0월 9일 04:30 종료 (21시간 촬영)

0월 9일 휴일

0월 10일 07:00 집합   0월 11일 00:00 (17시간 촬영)

0월 11일 07:00 집합   0월 12일 05:00 (22시간 촬영)

0월 12일 07:30 집합   0월 13일 04:40 종료 (21시간 10분 촬영)

0월 13일 07:30 집합   0월 14일 04:00 종료 (20시간 30분 촬영)

0월 14일 07:30 집합   0월 15일 04:40 종료 (21시간 10분 촬영)

0월 15일 10:00 집합   0월 16일 05:30 종료 (19시간 30분 촬영)

0월 16일 휴일

0월 17일 07:30 집합   0월 18일 04:35 종료 (21시간 5분 촬영)

0월 18일 07:30 집합   0월 19일 04:30 종료 (21시간 촬영)

0월 19일 08:00 집합   0월 20일 05:30 종료 (21시간 30분 촬영)

0월 20일 08:00 집합   0월 21일 05:25 종료 (21시간 25분 촬영)

0월 21일 08:00 집합   0월 22일 04:00 종료 (20시간 촬영)

AM 11:00
제보가 들어온 '가' 드라마의 촬영일지

현장의 다른 채널을 통해 크로스체크까지 마무리했다. 결과는 여느 때와 다름없었다. 휴일을 포함하더라도 하루 평균 18시간의 촬영을 3주간 강행했다. 일주일로 따지면 주당 126시간의 스케줄을 노동자들에게 부과한 것이다. 지방 촬영 날 이동시간까지 고려하니 더 끔찍한 타임라인이 나왔다. 하루 8시간, 일주일 52시간 노동을 당연하게 여겨야 한다는 대통령의 공약이 무색해진다.

드라마 현장에서 사용하는 은어 중에 '디졸브'라는 표현이 있다. 두 개의 화면을 겹치는 영상기법인 '디졸브'에 빗대 짧은 휴식만을 취한 뒤 하루 종일 잠도 거의 못 자고 다음 날 촬영을 이어 하는 밤샘 촬영의 현실을 이르는 말이다. 촬영스케줄이 이 정도 수준이 되면 스태프들은 하루하루를 디졸브하며 버티게 된다.

'미디어신문고'를 운영한 지 어느덧 일 년하고도 반이 더 지나가고 있다. 정치권에서든 언론에서든, 방송업계의 문제를 해결하겠다며 너도나도 나서고 있지만, 지난 시간 동안 제보 수준은 변하지 않았다. 장시간 노동시간이 너무 심각한 수준이라 다른 이야기는 아예 꺼낼 분위기조차 나지 않을 정도다. 한빛PD가 드라마업계의 문제를 고발한 지도 오랜 시간이 지났고, 수많은 시민의 지지와 응원 덕분에 조금씩 나아지고 있기는 하지만, 현장 종사자에게 손길을 내밀기에는 아직 턱없이 부족하기만 하다.

PM 1:00

해당 드라마 제작사에 문제제기 공문을 보내고 직접적인 대응을 시작했다. 제작사와 방송국에는 당장 문제를 해결하지 않으면 고발이든 시위든 다방면으로 압박하겠다는 엄포를 놓기도 했다. 다행히 한빛PD 사건 이후 해당 드라마 방송국과는 특별히 약속한 사항이 있었기 때문에 큰 싸움으로 번지지 않고 협상 테이블이 마련되었다. 하지만 협상 자리가 구성되어도 넘어야 할 고비는 아직도 많다.

'가' 드라마 제작사 CP는 "최대한 노력했지만 불가피한 변수로 막판에 노동 강도가 높아졌다, 그래도 다른 드라마 제작 현장과 비교하면 훨씬 더 조건이 좋다"고 답변했다. 제보가 들어와 대응을 하다 보면, 방송국 및 제작사와의 협상 테이블에서 이런 이야기를 자주 듣는다. CP가 말한 '불가피한 변수'는 한빛센터가 활동을 시작한 시점부터 이 년간 쉬지 않고 발생 중이다. 이 정도면 '피할 수 없는 변수'가 아니라 '뻔히 반복되는 상수'라는 뜻이다.

'세트장이 안전하지 못해서', '계속되는 폭염 때문에', '미투 운동으로 출연자가 바뀌어서'… 이러한 핑계로 자행되는 노동 착취는 사람을 다치게 하고, 심지어는 죽이고 있다. 촬영장에서 발생하는 불법적인 업무 행태를 두고 '우리가 상대적으로 낫다'며 떳떳하게 이야기할 수 있는 뻔뻔함은 도대체 어디서 오는 것일까?

어찌 되었든 부정적인 이슈화를 막으려는 제작사의 입장 때문에, 소 잃고 외양간 고치는 격의 대책이 마련된 채 협상은 마무리되었다.

PM 4:00

한빛센터 사무실이자 방송노동자를 위한 쉼터가 상암동에 있다 보니, 이 근방 방송국에서 근무하는 친구들을 자주 만날 수 있었다. 오늘은 방송국 정규직 PD로 일하고 있는 친구를 만났다. 마음에 들지 않는 조연출에 대한 불만을 말하는 친구의 모습은 슬프게도 악덕 관리자와 닮아 있었다.

"너 원래 이렇지 않은 사람이잖아?"
"어쩔 수 없어, 이렇게 하지 않으면 이 판이 굴러가지 않아."

'이렇게 하지 않으면 굴러가지 않는 판'. 이 판을 만든 이들은 대체 누구일까.

관행적인 착취를 버틴 이들은 살아남아, 관행적인 착취를 하는 사람이 되었다. 드라마 제작업계의 가장 아래에 있는 이들의 고통은 다음과 같이 요약된다.

'원래 그때는 힘들 때에요. 버티다 보면 좋은 날이 오겠죠.'

거대해진 드라마 산업 구조는 오로지 고수익 모델만을 좇는다. 그 결과 단기간에 고효율을 내는 지금의 시스템이 고착화되었다. 백 명이 넘는 드라마 스태프들은 최대한 짧은 기간 안에 최대한 효율적으로 일하기 위해 군대식 조직문화를 자연스럽게 내면화한다.

많은 이에게 마포구 상암동의 방송국 빌딩 숲은 거대하고 단단한 장벽이었다. 그곳에서 방송국은 더 많은 수익을 위해 살인적인 일정의 고강도 노동을 당연한 조직문화인 양 만들고 있다. 상암동을 자주 가는 지금도 나는 빌딩 숲 장벽이 아찔하다. 공고해지는 방송국 장벽 앞에서 '변화'를 이야기하는 사람들은 '영리하지 못한, 부적응자' 취급을 받는다. '문제적 상황의 해결'이라는 선택지는 방송국에 존재하지 않으며 존재하는 선택은 단 두 개뿐이다.

'떠나거나 버티거나'

PM 6:00

오늘 편성이 예정된 '가' 드라마의 기사가 스멀스멀 포털에 올라온다. 시청률은 고공행진을 하고 있고, PD의 연출과 배우의 연기 하나하나가 이슈가 되고 있다. 방송국과 제작사는 높은 시청률과 만족스러운 수익을 축하하며 샴페인을 터트리고 있을지도 모른다.

하지만 이 드라마를 찍기 위해 3주간 실신하듯 달려온 카메라 뒤의 사람들은 여전히 투명 인간에 불과하다. 메인PD는 흥행 성공의 후광에 힘입어 또다시 끔찍한 스케줄을 강행할 것이고, 방송국과 제작사는 책상 위에서 수익률만 따지면서 기존의 제작 방식을 유지할 것이 불 보듯 뻔하다. 스태프들은 변화에 대해 기대도 하지 못하고 열정과 꿈을 갈아 넣어가며, 과로와 안전 위협 속에서 하루하루를 버텨내야만 할 것이다.

이제라도 드라마 현장의 문제를 해결하는 시스템을 만들어야 한다. 그 해결의 실마리는 현장 노동자들의 목소리에서 출발해야 한다. 장시간 고강도 노동 때문에 '떠나고 싶다, 죽고 싶다'고 소리치고 있는 사람들 말이다.

살인적인 촬영일정이 정말 심각한 상황이지만, 단순히 노동시간의 문제로 국한하지 말아야 한다. 현장 막내 스태프들이 겨우 짬을 내어 밥 한 끼 먹는 것만으로, "요즘 세상 좋아졌네", "내가 맘에 안 들어? 한빛센터에 제보하려고?"라는 말을 하는 폭력적인 문화 역시 문제이기 때문이다.

폭력적인 문화 속에서 여성 배우, 여성 스태프를 대상으로 한 성폭력도 끊임없이 자행되고 있다. 아동과 청소년 배우들은 성인도 버티기 힘든 현장에서 목소리 한 번 제대로 내지 못하고 있다.

한빛센터는 드라마 제작의 구조와 현장 문화를 전반적으로 개선하기 위해 달리고 있다. 이제는 드라마업계 모두가 현장의 노동자들을 기준으로 절대 어겨서는 안 될 원칙을 세우고, 바로 선 원칙을 기준으로 시스템을 갖추어 나가야 할 것이다.

그러기 위해서 먼저, 비정규직, 프리랜서라고 불리는 종사자들의 목소리를 분명히 수면 위로 올려야 하며, 그 목소리를 기준으로 시스템을 개선해야 할 것이다. 만드는 사람도 행복한 드라마를 위해 필요한 것은 당신의 작은 관심이다. 읽다 보면 그리 어려운 이야기도 아닐 것이다. 오히려 그동안 보이지 않았던 카메라 뒤의 또 다른 이야기가 당신에게 새로운 시선을 가져다줄 수 있으리라.

---

* 이 절은 한빛센터의 '미디어신문고'에 접수된 실제 제보 사례를 하루로 압축해 재구성한 이야기이다.

#2 카메라 뒤의 사람들
- 너의 이름은

"크레딧을 칠 때, 행복해요. 함께했던 감독님들, 실장님들과
막내작가의 이름을 넣고, 제 이름을 넣어요. 우리가 드러날 수 있는
시간은 그때거든요. 사실 시청자들은 DI가 뭔지, 그립이 뭔지
관심이 없다는 걸 알지만, 우리끼리는 알 수 있잖아요."
- 조연출 A -

드라마의 엔딩크레딧에 올라가는 이름은 많지만, 드라마 제작을
보도하는 기사들은 하나같이 반짝거리는 주연배우들과, 웃으며 농
담을 나누는 메인작가, PD들만을 비춘다. 제작 현장의 '높으신 분'
들이 모이고, 연신 터지는 카메라 플래시로 눈을 뜰 수 없는 화려
한 제작발표회 현장에는 드라마를 만드는 보통의 사람들을 찾아
볼 수 없다. 이 절은 그곳에서는 찾아볼 수 없는 이들에 대한 이
야기다.

스태프 콜타임은 오전 5시, 출연진 콜타임은 오전 7시이다. 해가 뜨자마자 촬영을 시작해, 일몰 전에 자연광을 사용한 촬영을 모두 마쳐야 한다.

FD와 조연출들은 오전 4시에 회사에서 소품과 큐시트를 챙긴다. 배차 나온 스타렉스 기사와 인사를 나누고 촬영장으로 가는 길에 작가들을 픽업한다. 모두 차를 타고 있는 시간을 좋아한다. 쪽잠이라도 잘 수 있기 때문이다.

현장에 도착한 모두는 피곤한 얼굴이다. 아직은 어두운 오전 5시, 미술감독이 미술팀원을 모아 촬영소품을 확인한다. 카메라, 조명, 음향팀이 장비들을 내리고, 조연출과 FD들은 휴대폰을 귀에서 떼지 못하고 현장 스태프들의 준비 상황을 확인한다. 작가들과 메인 PD는 미팅을 하며 오늘 찍을 분량의 대본을 확인한다.

미술팀이 소품 세팅을 완료하면, 평범했던 풍경이 소품 몇 개로 드라마에 나올 법한 그림이 된다. '부릉'거리는 커다란 소리와 함께 발전기가 켜지고, 촬영, 조명팀의 장비들이 각자의 자리를 찾는다. 카메라 감독들이 설치한 모니터 앞에서 메인PD는 색감을 확인하고, 조연출에게 무언가를 말한다. 조연출이 카메라감독에게 뛰어가 메인PD의 말을 전하니 이내 모니터의 색감이 바뀐다. 조연출은 이 과정이 마법 같다, 생각한다.

모두가 잠을 제대로 자지 못해 피곤한 얼굴로 각자의 자리에 서 있지만 카메라 안의 세상은 꿈과 같이 빛난다. 그리고 배우들이 속속 도착한다. 카메라 안의 세상이 더욱 밝아질 시간이다.

✕✕ 드라마 현장의 일반적인 모습

   드라마 제작은 백여 명이나 되는 각기 다른 직군의 사람들이 한 팀을 이루어 공동으로 작업한다. 이들은 주로 직능별로 기술관련팀, 미술관련팀, 연출관련팀으로 분류된다. 이들을 총괄하는 최종 결정권자는 해당 드라마의 연출팀장인 감독(메인PD)이다. 마치 지휘자를 필두로 다양한 악기가 조화를 이루는 오케스트라 악단과 같이, 드라마 제작 현장도 복합적인 협업 구조를 이루고 있다.

   이들의 이름은 무엇이고, 이들은 어떤 일을 할까.

○
●

기술관련팀은 우리가 흔히 말하는 촬영, 조명, 음향 등의 스태프가 속한 팀이다. 조명감독은 기술팀의 업무를, '색을 더하는 빛을 조정하고 이야기를 담는 그릇을 만드는 것'이라고 설명하고는 한

다. 카메라감독은 '기술팀은 드라마 현장의 꽃'이라고 너스레를 떤
다. 그리고 이내 '꽃은 여기저기서 꺾이니까', 하고 자조적 농을 붙
인다. 기술팀은 드라마의 배우와 공간이 더욱 아름다운 색으로 빛
날 수 있도록 조명을 밝히고, 카메라와 음향장비를 통해 배우들의
연기와 목소리를 담는다.

감독: 스탠바이! 조명팀 인물 노출 더 해주시고요. 레디!
동시녹음팀: 스피드(녹음 시작)
촬영팀: 롤링(촬영 시작)
감독: 액션!

기술관련팀은 감독의 '레디와 액션 사이'에서 각자의 역할별로
팀을 만들어 현장에서 움직인다. 촬영팀, 조명팀, 동시녹음팀, 음향
팀 등 역할별로 모인 팀들이 함께 제작에 참여하는 것이다.

카메라감독은 촬영팀의 리더로, 전체적인 모든 것을 총괄하고
메인PD와 소통한다. 카메라감독 아래로 초점 조절을 책임지는
'포커스 풀러', 그리고 '퍼스트', '세컨드', '써드', '막내'가 카메라를
들고 있다. '서수'로 불리는 이들 중에 당연히 퍼스트가 가장 높은
직급이며, 막내가 가장 낮은 직급이다. 바쁘게 짐을 옮기고 배터리
를 충전하던 막내는 감독까지 가는 길이 멀다고 느낀다.

✕✕ 조명팀의 모습(©한여정)

　조명팀 막내는 일을 시작하기 전까지 조명이란 것의 종류가 이렇게 많은지 상상도 하지 못했다. 하지만 조명 종류가 많고 무겁다는 사실을 알았다고 하더라도 자신은 이 팀을 좋아했을 것이다. 드라마의 전체적인 톤을 조정하고, 색을 입히고, 인물을 밝혀주는 조명팀의 일이 마음에 들었기 때문이다. 조명팀은 촬영팀과 유사하게 보통 다섯 명 정도가 팀을 이룬다. 막내는 '빛 없이 드라마는 찍히지 않는'다는 조명감독의 말이 내심 자랑스러웠다.

✕✕ 붐맨의 모습(ⓒ한여정)

  '붐맨이라는 이름은 멋있지' 땀을 뻘뻘 흘리며 붐마이크를 들고 있던 동시녹음팀의 팀원은 생각했다. 그는 종종 붐마이크가 너무 커서 들고 다니기 힘들다고 생각하기도 했지만, 카메라 화면에 마이크가 나오지 않게 드라마의 소리들을 받아내는 일은 붐맨이라는 이름만큼이나 멋있다고 생각했다. 20~30년 전만 하더라도, 기술의 한계로 립싱크 촬영을 했다. 음향 싱크로 때문에 도무지 집중하기 어려운 옛날 드라마를 보고 있자면, 새삼 자신의 역할이 얼마나 대단한 일인지를 느꼈다. 더구나 현장에서 배우의 목소리를 가장 먼저 들을 수 있다는 사실은 커다란 붐마이크를 매고 다닐 수 있는 힘을 주었다.

카메라감독도, 조명팀 써드도, 날이 추우나 더우나 무거운 장비들을 자신의 몸에 짊어지고 다녔다. 산으로 바다로 무거운 장비들을 옮기는 그들의 옷은 쉽게 해지고 더러워졌다. 하지만 그들은 자기 일과 기술을 좋아했다.

○
●

감독이 '스탠바이'를 외친 후의 현장을 담당하는 것이 기술팀이라면, 감독이 '스탠바이'를 외치기 전까지 드라마를 담당하는 것은 미술팀이다. 미술감독은 촬영 전 메인PD와 작가를 질리도록 만난다. 그들은 시놉시스(드라마의 간단한 줄거리 및 개요)나 시나리오를 분석하는 미팅 또한 수차례 갖는다. 공간에 대한 시안은 몇 번의 수정요청 끝에 완성된다. 드라마에서 미술은 시나리오에 등장하는 인물과, 인물이 살아가는 공간을 이해하고 이를 시각화하는 작업이다. 미술팀이 메인PD와 작가의 머릿속에 있는 이미지들을 실체화하여 현실에 표현하고 나면, 감독은 그제야 스탠바이를 외친다.

이번 드라마는 20대 여성들이 셰어하우스에 모여서 살아가는 이야기이다. 등장인물들은 '20대 여성'이라는 공통적인 특징을 가지면서도, 각각 상이한 직업과 연령을 갖는다. 미술팀은 각 등장인물의 특성에 따라 방의 인테리어는 물론이고, 의상, 소품, 메이크업 등도 다르게 구현해야 했다. 20대라는 공통점을 가진 각기 다른 특성의 등장인물들이 모여 사는 집을 설득력 있게 제작하는 일 역시 미술팀의 역할이었다.

미술감독은 매번 입버릇처럼 미술팀 스태프에게 '우리의 일은 사람과 공간을 이해하고 표현하는 것'이라고 말했다. 그렇기 때문에 드라마 미술의 전문가가 된다는 것은 어려운 일이라고 덧붙였다. 그래픽 툴을 다룰 수 있는 동시에, 시나리오를 분석하는 능력을 갖춘 훌륭한 드라마 미술감독이 되는 일은 힘든 일이었다.

근래 들어 미술팀의 업무가 많아졌다고 미술감독은 생각했다. "원래도 할 일이 많았는데, 지금은 더 늘었어" 원래의 업무는 세트를 구성하는 것이었다. 세트를 전반적으로 구현하는 세트 디자이너, 디자인된 세트를 실제로 제작하는 세트 제작자, 세트의 전반적인 느낌과 톤을 잡아주는 세트 스타일리스트, 드라마의 흐름과 역사적·사회적 배경에 맞게 소품을 선택하고 배치하는 장식팀, 세트장과 소품에 필요한 전기와 배선, 장식을 담당하는 전기 담당자와 함께 팀을 이루면 업무를 할 수 있던 때가 있었다. 하지만 지금은 멋진 먹방을 찍기 위해 푸드스타일리스트가 미술팀에 포함되었고, 다양한 장르 드라마의 등장과 함께 특수분장의 수요가 늘어나 기존의 미술팀과 별도로 특수효과팀까지 관리해야 했다.

현장에서 감독이 스탠바이를 외치기 전까지 미술감독은 분장, 미용, 의상과 관련된 업무 담당자들과 끊임없이 만나야 했다. 이 담당자들 역시 현장에서 미술관련팀으로 분류되는데, 미술팀장

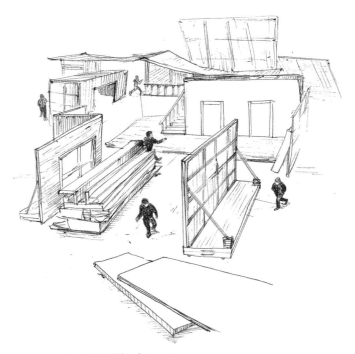

✖✖ 미술팀이 제작한 세트장의 모습(ⓒ한여정)

은 촬영기간 내내 이들이 가져오는 시안에 대한 피드백을 지속해
서 진행했다.

촬영 전까지 바빴으니, 촬영 중에는 미술팀원들을 좀 쉬게 해주
리라는 미술감독의 다짐은 이뤄진 적이 없었다. 대본을 갈아엎으
며 빠듯해진 드라마 촬영 현장은 미술팀이 실시간으로 업무를 진
행하게 했다.

미술팀의 업무는 촬영이 끝나도 끝나지 않았다. 이들은 작품
과 관련된 포스터 작업을 하거나, 작품 후반 작업을 도와줘야 하

기 때문이다.

메인PD는 미술팀의 구조가 촬영팀에 비해 다소 명확하지 않다고 생각했다. 미술팀 구성원들의 소속이 너무 다양하기 때문이다. 예전 '방송미술' 분야에서는 방송국 소속의 미술센터가 주된 역할을 맡아 제작을 진행하는 경우가 많았지만, 영화의 미술팀 인력이 드라마 제작 현장으로 유입되기 시작하면서 방송국 미술센터가 제작을 도맡아 하는 방식만 미술팀이라고 말하기도 어려워졌다. 특정 미술팀은 분장과 의상, 세트 작업 모두 포함되어 운영되고, 다른 어떤 팀은 분장 및 의상 등 좁은 의미의 미술 작업을 미술감독이 담당하고 세트팀을 하청으로 운영하는 등 업무 진행 방식이 다양해졌다. 메인PD는 미술감독 100명이 있으면 100개 형태의 미술팀이 존재할 것이라고 생각했다.

미술팀 막내는 미술감독이 되고 싶다고 생각했지만, 이는 쉬운 길이 아니었다. 국내에 방송미술, 특히 장식미술을 가르치는 적절한 교육기관이 없기 때문에 미술팀 업무 노하우가 도제식으로 전수되는 경우가 대부분이기 때문이었다. 따라서 미술팀에서 미술감독의 심기를 거스르는 언행은 생각할 수 없었다. 상사의 눈치 탓에 자기계발 역시 쉬어서는 안 되었다. 미술팀은 그래픽 툴을 다룰 수 있어야 하고, 시나리오를 분석하는 능력도 갖춰야 하니, 미술팀 막내는 잠이 사치라고 생각했다.

○
●

감독이라고 불리는 메인PD는 드라마 현장의 왕이다. 앞서 말했던 기술팀, 미술팀을 포함한 모든 스태프의 업무는 현장에서 감독의 최종 결재를 거쳐 진행되기 때문이다. 드라마 현장이 건전한 조직이 될 수 없었던 많은 이유 중 하나는 현장에서 '왕'을 견제할 수 있는 장치가 없었기 때문이다. 모든 PD가 현장의 왕이 될 수 없기 때문에 다른 여러 PD는 왕의 밑에서 업무를 수행한다. 메인PD를 보조하는 팀에 제작팀과 조연출팀을 두는 것이다.

제작PD는 스태프들과 만나며 아쉬운 소리를 하는 것이 주된 업무처럼 느껴질 때가 있었다. 제작PD는 제작비를 관리하며 이를 위해 인력과 예산을 통제해야 했다. 예산은 언제나 모자라고 메인PD의 욕심은 언제나 컸다. '이번만 이 가격에 진행하시죠, 다음에 진짜 잘 챙겨드릴게요'라는 말이 입에 발렸다.

제작PD 바로 밑에서 일하는 라인PD는 언제나 초조했다. 현장에서 드라마 진행을 관리하며, 로케이션과 스태프 및 배우들 식사를 챙겨야 했다. 누가 보기엔 작은 일일지 몰라도 펑크가 나면 모든 작업이 틀어질 수도 있는 막중한 업무를 맡고 있었다. 그러나 촬영은 늘어지기 일쑤였고 일정은 라인PD의 생각보다 늦어졌다. 촬영장소로 협의한 카페에 연락해 촬영시간이 지연되었다고 전했더니 카페에서 촬영을 거절했다. 이럴 때 라인PD는 서러웠지만 다시 근처 카페를 물색해 대체 장소를 구해야 했다. 라인PD가 쉴 틈은 현장에 없었다.

●

조연출팀은 조금 더 복잡하다. 조연출, AD, FD, 스크립터 등 다양한 직종이 이 팀에 속한다. 드라마 〈혼술남녀〉에서 한빛PD의 역할이기도 했던 조연출은, 연출을 보조하는 관리업무를 한다. 조연출에 대한 질 나쁜 농담으로 '코끼리를 냉장고에 넣는 방법: 조연출에게 코끼리를 냉장고에 넣으라고 한다'라는 말이 있을 정도로 조연출의 업무는 다양하다.

> "ㅇㅇ드라마 '감독님'께서는 아무 편의점 도시락이나 먹지 않아요. 꼭 C*도시락이어야 하죠. 촬영 현장 근처에 C*편의점이 없다면, 배차 기사에게 '저 좀 C*편의점까지 태워주세요'라고 부탁해 그 도시락을 꼭 구해와야만 해요. 어느 날 G*편의점의 도시락을 사 갔을 때 들었던 욕이 아직 기억에 선하네요. 이게 전부가 아니에요. 커피도 스타벅스만 마시며, 아무거나 사 들고 들어갔다가는 저의 석 달(촬영기간)은 여러모로 더 고되어지는 거예요. '그래도 도시락 사러 가는 동안 조금 잘 수 있으니까' 은근히 기대되는 점이 있긴 해요. 참 아이러니하죠?"

장소 섭외와 녹화스케줄 관리 등의 초반 작업부터 후반부 드라마 편집 과정까지 모든 업무에 조연출이 관여한다. 당연하게도, 제작 현장의 체계가 흔들리거나 변수가 많이 생길 경우 조연출의 업무는 과도하게 많아지고 복잡해진다. 한빛PD도 계약을 해지한 촬영팀에게 잔금을 회수하는 일부터 영수증을 정리하고 장비를 대여·반납하는 일까지 담당했다.

이렇듯 조연출의 업무가 과도하게 늘어날 수 있기 때문에, 조연출을 보조하는 FD와 AD를 둔다. FD는 연출·조연출이 채 신경쓰지 못하는 현장의 일을 관리하고, AD는 주로 일일 현장 도우미나 사무 직무를 담당하는 역할을 한다. 그런데 결국 조연출과 FD, AD는 역할 구분 없이 연출팀이 담당하는 모든 잡무를 담당하게 된다.

마케팅PD는 어디 가서 PD로 일한다고 말하면, 대부분 어떤 프로그램의 PD냐고 물어보는 탓에 자신의 직업을 설명하기 어렵다고 말한다. 어떻게 보면 마케팅PD는 돈을 벌어오는 PD다. 기업으로부터 PPL을 따오거나, 후원·펀딩을 받는 역할을 맡는다. 광고를 요청한 기업들의 온갖 요구들을 작품 속에 녹여내기 위해 조율 역할도 한다. 〈미스터 션샤인〉의 P사 간접광고인 '블랑서 제빵소'와 같은 광고기획이 대표적인 예이다. 요즘 제작되는 대규모의 드라마는 대부분 해외 수출을 염두에 두고 기획을 진행하는데, 이 경우 마케팅PD들이 해외 판권을 담당하는 역할까지 맡는다고 한다.

기획PD는 작품을 개발하는 역할을 맡는다. 책이나 영화, 연극같은 원작이 있는 경우 이 원작의 판권을 구입하여 드라마 제작을 기획하거나, 이 과정에 딸려오는 계약 관련 업무를 맡는다. 고유한 작품을 창작하는 경우, 근간이 되는 아이디어를 내는 일도 한다. 이렇게 드라마 한 작품을 만드는 첫 걸음을 딛고 나면 기획

PD는 작가에게 대본에 대한 피드백을 주고, 보조 작가를 섭외하는 등의 작가실 관리 업무부터 드라마를 팔릴 만한 상품으로 포장하는 역할까지 맡는다.

○
●

'언성 히어로Unsung Hero'는 부정접두사 'un'과 sing의 과거분사인 'sung', 영웅을 뜻하는 'hero'가 결합하여 만들어진 용어로, 사람들에게 뚜렷하게 인식되지는 않으나 충분한 기량을 발휘해 팀에 큰 공헌을 하는 사람을 말한다. 이 용어는 주로 스포츠 분야에서 자주 언급되는 단어로, 대표적으로 박지성 선수가 언성 히어로로 불리곤 했다.

드라마 산업이 성장할수록 새로운 직군이 등장하고 있는데, 눈에 띄지는 않으나 드라마 제작에서 빠질 수 없는 이들의 대표적인 역할을 몇 가지 소개하고자 한다. 이들은 각자의 자리에서 드라마 완성에 꼭 필요한 업무를 책임지는 언성 히어로들이다.

우선 연출팀에 소속되어 촬영을 마지막까지 책임지는 '스크립터'가 있다. 스크립터는 촬영한 장면에 담긴 동작이 적절한지, 분장이나 의상은 자연스러운지, 장면과 장면의 연결은 매끄러운지 등을 점검해서 상급자에게 전달하는 업무를 담당하고 있다.

촬영한 데이터를 안전하고 효율적으로 관리하면서 연출팀이 자료가 필요할 때 제공해주는 '데이터매니저'라는 직군도 있다. 스크립터와 데이터매니저는 주로 연출팀과 호흡을 맞추기 때문에 조연출과 업무가 겹치기도 하고, 협업하는 경우도 많다.

후반부 작업팀도 현장의 제작 인력만큼 중요하다. 이들은 촬영된 파일들을 모아 특수효과를 넣고 색감을 맞추며, 최종 마무리를 담당한다. 드라마 전체 제작을 준비-촬영-편집의 세 단계로 나눈다면, 사실상 1/3을 담당하고 있을 만큼 편집실 뒤에서 맹활약하는 언성 히어로라고 볼 수 있다.

그 밖에도 드라마의 특징에 맞게 음악을 담당하는 팀이 붙기도 하고, 스틸, 무술 등 다양한 팀 사람들이 콜라보를 이루며 스태프로 합류한다. 행정을 보조하는 사람까지 포함한다면, 정말 수많은 직군의 사람들이 한 편의 드라마를 위해 협업하고 있는 것이다.

연기자들 가운데에도 언성 히어로가 있다. 보조출연자, 단역배우 등 스타배우만으로는 채워지지 않는 드라마의 빈 곳을 완벽하게 채워주는 사람들이 있다. 이들의 존재가 시청자들에게는 강하게 각인되지 않은 채로 작품이 마무리되는 경우가 많지만, 모두가 카메라 안에서 감초 역할을 수행하며 드라마의 재미를 배가하는 존재들이다.

○
●

드라마 한 편을 제작하기 위해 수많은 사람이 현장을 지킨다. 그들이 만들어내는 드라마는 반짝이는 빛과 정돈된 소리로 많은 사람의 마음에 가닿는다. 가끔은 그 빛이 그들에게 가닿았으면 한다. 더 많은 사람이 그들의 이름을, 그들의 삶을 들어주기를 바란다.

"그립이 어떻게 했는데…. 붐맨은 저렇게 했는데…."

한빛센터에서 신문고제도를 통해 드라마 제작 현장에 대한 제보를 받기 시작했을 무렵에는 생전 처음 들어보는 단어가 수십 번씩 귀를 스치곤 했다. 방송업계의 문제를 해결하겠다고 떡하니 센터를 차려 놓았건만 정작 현장에서 쓰는 용어조차 제대로 알지 못한다는 사실을 들킬까 봐 제 발이 저렸다. 낯설기만 한 단어들이 드라마 제작 현장에서는 아주 흔하게 쓰인다는 사실이 새삼스러웠다.

익숙지 않았던 단어들이 익숙해질 만큼의 시간이 지나고 나니, 낯설었던 단어들은 직무의 이름들일 뿐이었다. 특이한 이름의 일을 하는 사람들은 보통의 일하는 사람들과 다르지 않았다. 그들도 돈을 벌기 위해 일하고, 보람을 느낀다. 그리고 당연하게도, 너무 많이 일하면 병이 나기도 한다.

혹 낯선 이름들이 그들을 너무 멀어 보이게 만들지는 않을까 하는 기우에서, 글을 읽는 여러분이 드라마 제작 현장의 낯선 이름들에 익숙해지셨으면, 하고 바란다. 번쩍이는 카메라 플래시가 닿지 않는 곳에서 그들은 지금도 '드라마 제작'이라는 일을 하고 있다.

#3 가장 보통의 드라마가 만들어지는 과정

한 편의 드라마를 만들기 위해 수많은 사람이 모인다. 그리고 일하는 순서와 체계가 생긴다. 오늘의 시스템에서 가장 보통의 드라마가 만들어지는 과정을 살펴보자. 드라마를 만드는 사람들의 업무가 어떻게 진행되는지 이해해야만, 드라마 제작 구조가 현실에서 어떤 문제를 발생시키는지 그리고 어떤 해결책이 있는지 함께 고민할 수 있다.

시청자가 드라마 제작을 떠올릴 때, 대개 배우가 연기를 하고 메인PD가 "숏", "컷"을 외치는 장면을 상상한다. 사람들이 흔히 알고 있는 촬영 현장의 작업은 드라마 제작을 크게 세 단계로 나눈다고 했을 때, 중간 단계에 속한다. 그 작업의 앞과 뒤로 프리 프로덕션과 포스트 프로덕션의 과정이 있다. 이 두 가지 과정 역시 촬영 현장과 마찬가지로 험난하고, 진중한 숙고의 과정을 거쳐야만 한다.

×× 연출팀이 촬영하는 모습(ⓒ한여정)

프로젝트팀의 구성, 프리 프로덕션의 시작

드라마 제작을 준비하는 과정은 마치 스포츠 프로리그를 준비하는 과정과 비슷하다. 맨체스터 유나이티드라는 해외 유명 축구팀이 잉글랜드 프리미어리그 시즌을 준비하고 있다고 상상해보자. 리그 우승이 목표라고 한다면, 구단은 성과를 달성할 수 있는 감독과 계약해서 선수를 보충하거나 스태프를 채워가며 라인업을 구상한다. 당연히 손흥민, 메시, 호날두 등 최상의 멤버로만 라인업을 구성할 수는 없다. 감독은 구단이 짜놓은 예산 한도 내에서 공격수, 미드필더, 수비수, 체력코치, 의료진 등 필요한 사람들을 적절하게 채우기 위해 노력한다. 라인업이 완료되면 시즌이 개막하고, 새롭게 구성된 팀은 본격적으로 목표 달성을 위해 달리기 시작한다.

　방송국 내의 예능이나 뉴스를 드라마와 비교했을 때, 드라마 제작은 준비 과정이 뉴스와는 너무 다르다. 드라마 한 편을 제작하는 것은 스포츠 프로리그처럼 1년도 되지 않는 일정 기간의 사업을 완수하는 것과 같다. 따라서 드라마 제작팀은 프로젝트팀 형식으로 운영된다. 한 편의 드라마를 위해 많은 인력이 단기적으로 해당 프로젝트에 투입된다. 이들의 소속은 천차만별이고, 본격적인 제작에 앞서 긴 준비기간이 존재하며, 하나의 목표를 달성하기 위해 일종의 '헤쳐 모여!' 방식으로 오로지 제작기간 동안에만 존재하는 거대한 팀이 꾸려진다. 심지어는 이 프로젝트를 위해 명목상의 회사가 만들어지기까지 한다. 이렇게 사람들이 한 팀으로 모여 드라마를 완성한다는 공동의 목표를 향해 달리다가, 그 목표를 이루고 나면 팀은 해체된다. 한 집단이 꾸준하고 루틴하게 작업을 하는 것이 아니라, 시즌과 비시즌으로 업무 흐름을 나누는 것이다. 프로 스포츠팀을, 목표를 향해 나아가는 항해에 자주 비유하듯이, 드라마 제작도 집약적인 목표를 향해 나아간 다음 해체한다는 점에서 항해와 같다.

라인업 짜기, 어느 기획PD 이야기

외주기획사 기획PD인 C는 한 편의 드라마를 기획하는 과업을 맡았다. 드라마 기획을 메인PD가 주도하는 경우도 많지만, 자신이 다니는 회사는 기획PD가 초기 구상을 담당한다. C는 업무가 막막하고 부담되었지만, 한편으로는 자신의 능력을 발휘할 수도 있어서 현재의 역할에 만족했다. 우선 작가를 만나 함께 기본적인 스토리 라인을 구상했다. 요즘은 다른 창작물의 판권을 사오는 경우도 많다. C 역시 새로운 스토리를 짜는 것보다는 판권을 사오는 방식이 훨씬 더 좋은 결과를 낼 수 있다고 판단했다. 결국 포털 사이트 네*버에서 인기 있는 웹툰인 〈치킨 인 더 트랩〉을 드라마화하기로 결정했다. 우선 판권을 사고, 이 웹툰을 드라마로 만들기에 적합한 작가를 붙여 대본을 썼다. 기획 과정은 방송국의 드라마국이 직접 맡는 경우도 있지만, C의 외주제작사는 아직 편성권을 받지 못했기 때문에 모든 작업을 직접 도맡아 해야만 했다. 상당수의 외주제작사는 미니시리즈 16부작 중에 4부까지 기획한 결과를 방송국에 제공한다. 방송국이 직접 기획하든, 외주제작사의 기획을 다시 받든, 드라마가 어떤 시기 어떤 시간대에 편성할지 확정되고 나면, 본격적으로 프로젝트팀이 꾸려진다. C는 조마조마하게 결과를 기다렸다. 그리고 편성이 완료되었다는 기쁜 소식을 통보받았다.

메인연출자를 정하는 방식은 제작을 어디에서 하느냐에 따라 달라진다. 소속 감독을 붙이는 경우도 있고 회사 외부의 유능한 감독과 계약하기도 한다. 방송국의 드라마국이나 대형제작사가 직접 기획할 때는 해당 방송국과 제작사에 소속된 감독을 쓰는 경우가 많다. 공영방송인 KBS의 경우, 외부 감독을 섭외해서 연출을 맡기지 않는다. KBS의 드라마는 반드시 KBS PD의 이름으로 나와야 한다. 예외적인 경우가 발생해 외부 감독이 연출할 때가 있더라도,

대외적으로는 반드시 KBS PD의 이름이 걸려 있어야만 한다. 드라마 〈도깨비〉, 〈미스터 션샤인〉 등을 제작한 CJ ENM은 〈스튜디오 드래곤〉이라는 제작사를 자회사 격으로 두고 있다. 이 제작사는 규모가 매우 크기 때문에 〈스튜디오 드래곤〉 소속의 감독들을 많이 쓰는 편이다. 반면에 다른 방송국은 자체로 기획한 작품이라도 외부에서 감독을 영입하기도 하고 소속 PD가 직접 제작하기도 한다.

스타PD와 스타작가는 팬덤이 형성되어 있기도 하고, 기존 성공작들로 인해 시청률을 어느 정도 보장받기도 한다. 따라서 드라마 기획의 절반은 메인PD와 메인작가가 정해지는 데서 출발한다고 보아도 무방하다. 규모가 크지 않은 외주제작사 소속인 C는 어떻게든 방송국의 편성을 따내는 것이 중요했기 때문에, 외부에서 좋은 작가와 스타감독을 삼고초려 끝에 섭외했다.

C는 이제 메인PD의 마음속에 들어가야 한다. 보통의 메인PD는 자신이 원하는 스태프 라인업을 가지고 있는 경우가 많아 자신이 원하는 스태프들로 직접 팀을 꾸리는 경우가 대부분이다. 다만 경제적인 문제와 같은 특수한 문제가 있을 경우, 제작팀이 인건비를 비교해가며 스태프를 섭외하기도 한다. C는 메인PD의 까탈스러운 요구에 맞는 스태프를 섭외하기 위해, 오늘도 발품을 팔고 백방으로 뛰어야 했다. 기획 경험이 몇 번 있었기에 쉽게 해내리라 판단했지만 오만이었다. 요즘은 방송국과 제작사가 저마다 다른 방식으로 드라마를 기획하기 때문에 제작팀의 라인업을 꾸리는 양상 자체도 천차만별이었다.

드라마 연출팀이 드라마의 라인업을 꾸리는 동안 작가진은 대본 작업을 진행한다. 물론 열심히 쓴 대본이 연출자의 의견에 따라 엎어지는 경우도 허다하다. C는 대본 작업에도 참여해야 해서 도통 쉴 수가 없었다. 야근과 야근을 반복하며 작가와 함께 대본을 수정했다. 대본 작업을 위해 특정 직업군의 취재가 필요하다면 때로는 인맥을 총동원하여 종사자를 섭외하고 자문을 구하기 위해 전국 팔도를 돌아다녀야 했다. 내일도 콘셉트에 맞는 대학생 인턴 3명과 인터뷰가 잡혀있다. 천신만고 끝에 드라마 〈치킨 인 더 트랩〉의 라인업, 초기 대본 구성, 편성 업무가 완료되었고, 이제 촬영 시작만을 남겨두게 되었다.

촬영 스타트

드라마 제작 일정은 촬영이 본격적으로 들어가는 시점이 언제인지에 따라 사전 제작과 반사전 제작, 그리고 이른바 '쪽대본' 제작으로 나뉜다. 사전 제작은 드라마가 방영되기 전에 촬영을 모두 마치는 경우를 말한다. 반사전 제작은 16부작 드라마를 기준으로 6회에서 8회 정도의 분량을 미리 찍어둔 경우를 말한다. 하지만 상당수의 한국 드라마는 4회 분량 정도를 촬영한 상태에서 방영일을 맞는다. 이러한 경우, 이 드라마 제작 현장은 필연적으로 쪽대본이라는 이름으로 대표되는 급박하고 열악한 제작환경을 갖게 된다. 결국 회차를 거듭할수록 현장의 노동은 상식을 벗어나게 되고 만다.

✕✕ 후반부 작업실의 모습(©한여정)

포스트 프로덕션

촬영을 마친다고 해서 모든 작업이 끝나는 것은 아니다. 촬영이 끝난 뒤, 촬영된 데이터는 모두 후반작업팀으로 보내진다. 조연출은 편집과 관련된 업무를 총괄하게 된다.

후반작업팀이라고 하면 내부 조연출을 비롯해 편집실, CG팀, 음향효과팀, 색보정(DI)팀 정도가 있다. 방송국 별로 CG팀과 색보정

팀이 회사 내부에 있기도 하고, 외부에서 계약을 맺기도 한다. 외부에서 계약을 맺는 후반작업팀은 대부분 장시간 노동에 시달린다. 심지어 촬영 현장에서 딜레이가 심해지면, 방영을 한두 시간 앞두고 편집을 요구받는다. 또한 윗선에서 막무가내로 편집을 다시 하라고 지시할 때도 많기 때문에, 방송 직전까지 긴장의 끈을 놓을 수 없다. 촬영장에는 기존에 문제를 제기해서 경각심을 갖는 경우가 오히려 많아졌지만, 편집실 뒤의 사람들은 아직 시선이 확장되지 못했다. 이들은 누구에게도 지지받지 못한 채 구석으로 몰리고 만다. 정리해고나 인격모독이 남발하는데도, 책임감을 최대한으로 발휘해 묵묵히 유종의 미를 거두고 있다.

후반작업팀이 가편집을 완료하면, 감독은 어떤 방향으로 편집을 할 것인지 지시를 내리고 그에 따라 실제 편집 작업이 이루어진다. 작업이 완료되면 '종편'에 들어간다. 종편이란 방송국 CP나 제작사의 부사장 등 윗선에서 제작물을 검토하는 작업을 포함한 최종 편집 과정이다. 드라마 시사 등을 통해 진행되는 방송 직전의 마지막 점검 과정인 것이다. 한빛PD가 참여했던 드라마 〈혼술남녀〉처럼, 종편 과정에서 작품이 아예 엎어지는 바람에 현장 종사자들이 살인적인 일정에 시달리며 재촬영에 들어가는 경우도 종종 발생한다. 완성된 작품에 대한 윗선의 결재가 끝나면, 드디어 드라마가 편성 받은 채널을 통해 시청자들에게 다가가게 된다.

#4 너무나 복잡한 드라마 세상

이제 드라마 산업이라는 더 큰 그림으로 드라마 현장 이야기를 해보자.

〈겨울연가〉, 〈대장금〉, 〈별에서 온 그대〉 등 한류의 선두주자는 단연 드라마였다. 한류로 벌어들이는 문화콘텐츠 산업의 수익 가운데 약 80%를 드라마가 차지하고 있을 정도다. 한류가 성장하기 전에도 이미 방송국의 주된 수입원은 드라마였다. 오죽하면 방송국 사람들 사이에서는 농담처럼 "예능이 본전치고 시교(시사교양)가 손해 보면 드라마로 채워 넣는다"라고 말할 정도다. 드라마는 한국 방송업계에서 오랜 시간 돈이 가장 많이 되는 산업이었다. 더불어 한류가 확장되니 전 세계의 자본이 물밀 듯이 들어오고 있고, tvN, OCN, JTBC 등 케이블과 종합편성 채널에서 드라마에 엄청난 투자를 하면서 드라마 시장은 10년 사이 설명할 수 없을 만큼

규모가 커졌고 구조도 복잡해졌다.

　하지만 이렇게 드라마 산업이 확장되는 동안 누구도 카메라 뒤의 사람들에 대해서는 관심을 갖지 않았다. 오히려 자본의 흐름이 노동자를 착취하고 이윤을 극대화하는 방향으로 전개되면서, 드라마 산업의 규모가 커지면 커질수록 현장 종사자의 처우는 개선되지 않고 더욱 악화되었다. 드라마 제작 현장의 노동 문제가 왜 이토록 심각해졌는지를 제대로 알기 위해서는, 규모가 커지고 복잡해질 대로 복잡해진 드라마 산업 구조를 조금이라도 이해할 필요가 있다. 이를 온전히 파악하기란 매우 어려운 과제이기 때문에, 현장 종사자들의 처우와 연관된 몇 가지 특징을 중심으로 드라마 산업 구조를 바라보고자 한다.

외주제작

외주제작사의 존재에 대해 누구나 한 번쯤은 들어보았을 것이다. 외주제작이란 말 그대로 방송국이 방송을 직접 제작하지 않고, 외부 회사에 제작을 맡기고 편성만 방송국에서 책임지는 방식이다. 태초에 드라마 제작은 당연히 방송국이 자체적으로 맡았다. 그러다 외주제작 제도가 1991년에 처음 도입되면서 본격적으로 외주제작 시장이 생겨났다. 초기에는 외주제작사의 작품 퀄리티가 방송국 자체제작 수준을 따라오지 못했기 때문에, 제도적으로 일정 비율의 외주제작을 의무화하여 제작사를 보호하였다. 정부의 보호 속에서 외주제작사는 점차 늘어났고 이들의 제작 역량 또한 차츰 강화되었다.

그런데 이 제도가 정착되는 과정에서, 방송국은 외주제작이 제작
단가를 낮추는 데 매우 유용한 제도임을 깨닫게 된다. 인건비 측면
을 따져보았을 때 방송국 자체 제작보다 외주제작이 훨씬 저렴했
고, 이에 방송국들은 소위 '제작비 후려치기'를 단행하게 된다. 그러
면서도 드라마 기획을 총괄하는 CP나 메인PD를 파견해 드라마 제
작에 있어 방송국의 권한을 강하게 유지했다. 방송국은 단가를 아
끼면서도 여전히 최종 관리자 역할을 수행했고, 여기서 아낀 비용
은 모두 드라마 제작 현장 스태프의 노동 여건 악화로 전가되었다.
비정규직이 양산된 것 또한 시기적으로 외주제작의 확산과 밀접한
관련이 있다. 방송국 입장에서는 외주제작의 효율성과 비용전가효
과가 엄청났기 때문에, 2000년대 이후로 외주제작의 비율은 급격한
증가 추세를 보이게 된다. 방송통신위원회의 자료에 따르면, 2015년
드라마 제작의 외주비율은 어느덧 70%를 넘어섰다.

한 가지 특이한 점은 드라마 시장이 다른 방송 영역보다 특별
히 비대해지면서 드라마 외주제작 제도가 예능이나 시사교양 분
야와는 다른 방식으로 정착되었다는 점이다. 보통 방송국의 체계
상 예능국, 시사교양국, 드라마국이 나뉘어 있는데, 드라마국을 아
예 자회사를 만들어버리는 방송국이 늘어난 것이다. CJ ENM의
〈스튜디오 드래곤〉과 KBS의 〈몬스터유니온〉이 대표적인 사례이다.
이 회사들은 외양은 외주제작사이지만 사실상 방송국의 드라마국
과 마찬가지라고 볼 수 있는데, 이는 예능이나 시사, 교양에서는 찾

기 어려운 형태다. 이 회사들은 드라마 제작의 전문성을 갖추면서도 조금 더 자유로운 여건에서 제작을 할 수 있어, 드라마 산업의 성공적인 사례로 정착하게 되었다. 방송국의 드라마국격인 자회사들과는 달리, 방송국을 돌아다니며 편성을 따내야 하는 진짜 외주제작사들도 많다. 이들은 편성을 받기 위해 엄청난 경쟁을 벌여야 하는데, 이러한 제작사 간 경쟁은 드라마의 수준을 높이기도 하지만 현장 노동자들에 대한 보호를 뒷전으로 미루는 결과를 낳고 만다.

늘어난 제작 편수와 '텐트폴' 전략

한류 열풍으로 드라마에 대한 투자가 활성화되면서 드라마 제작 편수가 기하급수적으로 증가하였다. 특히 CJ ENM의 공격적인 투자와 종합편성채널의 등장이 이러한 흐름을 가속화했다. 드라마 편수가 늘어나며 경쟁이 심화되고 제작사의 이윤이 줄어들게 되자, 제작사는 인건비 감축을 통해 손해금을 충당하려 했다. 그 결과 드라마 제작환경은 더욱 악화되었다.

경쟁이 심화되는 과정에서 대형제작사는 '텐트폴' 전략이라는 새로운 방식의 제작방식을 선택했다. 주로 영화 산업에서 쓰이던 텐트폴 전략은, 쉽게 설명하자면 이른바 '몰빵 시스템'이라고 할 수 있다. 최근 종영된 드라마 〈미스터 션샤인〉이 텐트폴 전략의 대표 사례이다. 제작사 연간 예산의 절반이 넘는 천문학적인 제작비를 투입해서 흥행에 성공하고, 이 성공을 통해 연간 재정수입을 채우는 방식이다. 실제로 CJ ENM은 2018년 전반기에는 〈미스터 션샤인〉,

하반기에는 〈알함브라 궁전의 추억〉을 통해 1년의 텐트폴 전략을 마무리하였다. 과거에 MBC가 〈대장금〉을 통해서 몇 년 치 수입 목표를 모두 채웠다는 농담 같은 이야기가 어느새 산업 구조로 정착한 것이다.

방송국과 제작사의 재정 전략에 대해서 왈가왈부할 필요는 없지만, 텐트폴 전략이 실제로 드라마 종사자들에게 부정적인 영향을 끼치고 있기 때문에 이 전략을 그저 묵과할 수는 없다. (텐트폴 전략에 대한 또 다른 비판으로는 거대 제작사의 제작비 독점 구조로 인한 드라마의 다양성 부족의 문제도 거론되고 있으나, 여기에서 다룰 소재는 아니기에 차치한다.) 투자가 한 드라마에 편중되면 자연스럽게 투자를 받지 못한 드라마의 제작비가 급감한다. 드라마 제작 현장 종사자의 노동권을 보장하는 제도가 미비한 상황에서, 이러한 제작비 감축은 노동권 침해로 직결되고 만다. 특히나 드라마 간의 경쟁이 심화되면서 스태프의 근로 여건은 계속 악화되고 있다. 결국 제작사와 방송국이 과도하게 흥행 전략을 내세울수록 드라마를 만드는 대다수는 궁지에 몰리고 마는 것이다.

브로커

최근 드라마 제작 현장에는 '브로커'와 유사한 업체가 성행하고 있다. 이러한 중간업체들은 대형파견업체의 형태를 취하고 있다. 문제는 브로커 업체들이 촬영 현장의 상황을 더욱 악화시키고 있다는 점에 있다. 2018년에도 브로커의 만행은 곳곳에서 벌어졌다. 화제를 몰고 다닌 몇몇 유명한 드라마에도 'S브로커'가 노골적으로 단역배우들의 수수료를 착취했다는 소식을 들을 수 있었다. S브로커는 현장과 단역배우를 연결시켜주면서 무려 30%의 수수료를 떼어갔다. 현행법상으로 명백한 위법이다. 하지만 방송국과 제작사는 인력을 감축하다 보니 직접 배우를 모집할만한 여력이 되지 않았고, 브로커 업체들은 이를 악용해서 배우를 연결해준다는 명목으로 과도한 수수료를 챙길 수 있었다. 결국 오늘의 드라마 산업 구조가 브로커 업체를 양산한 것이다.

브로커 행위는 아동·청소년 배우에게 교육비 명목으로 임금을 오히려 회수해가는 악질 행위까지 확장되었다. 심지어 단역배우의 영역에만 국한될 줄 알았던 브로커 행위는, 'N미디어'라고 하는 스태프 브로커까지 탄생시키며 문제를 심화시키고 있다.

미국에도 방송 현장의 일감을 중개하는 업체, 즉 에이전시가 있지만 한국에서는 이 중간업체를 결코 에이전시로 분류할 수 없다. 에이전시는 능력을 갖춘 중개대상자가 더 나은 고용환경에서 일할 수 있도록 연계하는 역할을 해야 한다. 하지만 한국의 브로커들은 종사자들에게 좋은 기회를 제공하는 것이 아니라, 오히려 노동자의 불안한 심리를 이용해 과도한 수수료를 뜯어내는 갑질을 자행하고 있다. 이들이 제공하는 혜택이라고 해봐야 업체를 찾아온 사람들의 신상을 방송사에 전달하고 면접 일정을 조율하거나 간단한 업무에 배치하는 것뿐이다. 그런데도 단역과 스태프는 현장에서 철저한 을이기 때문에, 어쩔 수 없이 브로커 업체를 이용할 수밖에 없는 노릇이다. 정부와 공공기관은 이러한 현실을 제대로 직시하지 못하고 있다. 현행법으로는 규제할 수 있는 수단도 마땅치 않기 때문에, 근본적인 해결책을 찾지 못하는 것이다. 방송국과 제작사는 배우와 직접 계약하거나 중개업체를 이용하더라도 수수료를 배우나 스태프에게 전가하지 않겠다고 발표하였으나, 상황이 온전히 개선될지는 조금 더 지켜보아야 한다.

　드라마업계에서 이런 브로커들이 흔하지는 않지만, 굳이 언급한 데는 이유가 있다. 드라마 제작 현장의 스태프는 전적으로 '슈퍼을'의 위치에 있으며, 그들이 정당한 권리를 침해당한다 해도 사실상 구제받을 수 있는 방법이 제도 안에 없기 때문이다. 이를 단적으로 보여주는 형태가 바로 브로커들의 사례다. 대부분의 고용이 인맥으로 해결되는, 낙후되고 폐쇄적인 드라마업계의 어두운 면이 브로커들을 통해 드러나고 있기에 이 현상을 주목할 필요가 있다.

도급 구조

앞서 이야기한 것처럼, 드라마 제작 현장에는 다양한 분야의 사람들이 모여 있다. 외주제작이 활성화되고 '제작비 후려치기'가 벌어지는 가운데 드라마 산업 구조에 가장 먼저 생긴 변화는 피라미드형 도급 구조가 일반화되었다는 점이다. 피라미드형 도급 구조는 보통 건설업계에서 익숙한 풍경으로 알려져 있는데, 드라마 제작도 유사한 구조를 보이게 되었다. 방송국이 제작사를 통해 도급 구조를 만들고 제작사는 조명팀, 동시녹음팀, 장비(그립)팀 등의 개

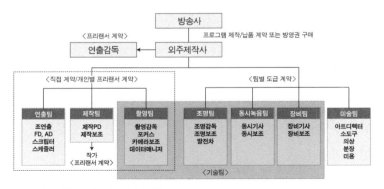

방송사

〈프리랜서 계약〉
연출감독 ← 외주제작사
프로그램 제작/납품 계약 또는 방영권 구매

〈직접 계약/개인별 프리랜서 계약〉 〈팀별 도급 계약〉

연출팀
조연출
FD, AD
스크립터
스케줄러

제작팀
제작PD
제작보조
↓
작가
〈프리랜서 계약〉

촬영팀
촬영감독
포커스
카메라보조
데이터매니저

조명팀
조명감독
조명보조
발전차

동시녹음팀
동시기사
동시보조

장비팀
장비기사
장비보조

미술팀
아트디렉터
소도구
의상
분장
미용

〈기술팀〉

✕✕ 드라마 제작의 피라미드형 도급 구조

별팀과 도급 계약을 맺으면서 피라미드형 구조를 공고화한다. 같은 기술팀 내에서 공통의 노동을 제공함에도 불구하고 촬영팀은 제작사와 직접 계약을 맺거나 프리랜서 계약을 맺는데, 조명팀, 동시녹음팀, 장비팀 등은 팀별 도급 계약을 맺는다. 현장에 가면, 바로 옆에서 같이 일하고 있는 사람들인데도 각각 계약 맺은 회사도, 계약 방식도 다른 기이한 일이 벌어지고 있다. 개별팀의 조수들은 감독들을 건설업에서처럼 '오야지', '오야'라고 부르기까지 하는데, 얼마나 두 업계가 유사하게 굴러가고 있는지를 알 수 있다.

피라미드형 도급 구조는 우선 책임 관계에서 큰 문제가 된다. 배우 박혁권 씨는 〈TBS 장윤선의 이슈파이터〉 시사프로그램("대한민국 드라마는 불법이다" 편, 2018. 10. 23.)에 출연해서 "실제로 현장에 백 명이 있으면, '노동자'로 정한 기준(근로기준법)에 의해서 대우받을 수 있는 사람은 다섯 명도 되지 않아요"라고 증언하기도 했다.

백 명 중의 나머지 아흔 다섯 명의 스태프들은 문제가 터지더라도 방송국에 찾아가지 못하는 계약직, 일용직 노동자인 것이다. 스태프들 가운데는 흔히 촬영감독, 조명감독이라고 불리는 키스태프와 각 팀에서 일하는 조수가 있는데, 이들은 모두 똑같이 방송국에서 파견된 메인PD의 지휘를 받는 노동자일 뿐이다. 그러나 방송국이나 제작사는 법적으로 이들에 대한 책임을 지지 않아도 무방하다. 오히려 키스태프는 한 명의 노동자일 뿐인데도 사장으로서의 책임을 져야만 한다. 개별팀의 스태프에게 문제가 생겼을 때, 처벌을 받는 대상이 제작사나 방송국이 아닌 개별팀의 키스태프가 되는 것이다. 도급 구조가 공고해질수록 노동 여건도 최악으로 치닫게 된다. 개별팀에 소속된 조수들이 도급에 도급을 거듭한 말단에 위치하고 있다 보니, 이들은 근로계약서조차 쓰지 못하고 착취당하고 만다. 이런 상황 속에서도 말단의 약자로서 살아남아야 하는 개별 스태프들은 여전히 제대로 된 항변도 못한 채, 저임금, 고강도의 노동을 이어가고 있다.

세계적으로 유일무이한 한국의 드라마 편성

드라마 제작 현장의 장시간 노동 문제는 선량한 관리자 몇 명이 노력한다고 해결할 수 있는 문제는 아니다. 이렇게 촬영시간이 길어지는 것은 한국 드라마업계만의 특수한 구조에서 기인하기 때문이다. 우선 드라마를 일주일에 두 회, 심지어 한 회당 무려 70분 이상을 편성하는 나라는 전 세계에서 우리나라밖에 없다. 미국만 하더라도 1주일에 드라마 편성시간이 총 50분 안팎으로, 우리

나라의 1/3 수준에 불과하다. 드라마 편성시간이 처음부터 이렇게 길지는 않았다. 김수현 작가와 같은 스타작가의 등장과 시청률이 40~50%에 육박하는 히트작의 연이은 등장이 시청자로 하여금 드라마 자체에 대한 관심을 높아지게 만들었다는 것이 원인으로 꼽힌다. 시청자들의 폭발적인 관심으로 드라마는 대규모의 광고 수익을 얻을 수 있었고, 드라마 산업은 커다란 자본 생태계를 구축하게 되었다. 드라마 산업의 폭발적인 성장 과정에서 신생 방송국이었던 SBS가 완전히 자리를 잡게 되고, 지상파 3사는 경쟁적으로 60분 이하였던 드라마 편성시간을 70분으로 늘렸다. 저마다 타 방송사의 드라마보다 조금이라도 일찍 시작하고 늦게 끝내서 시청률 수치를 높이고 싶어 했기 때문이다. 이렇게 해외에서는 찾아볼 수조차 없는 70분 편성이 한국에서 최초로 등장하게 되었다.

CJ ENM, JTBC 등 케이블과 종합편성 채널의 등장은 편성시간을 경쟁적으로 확대하는 흐름을 가속화시켰다. 심지어는 한 회당 100분 편성이라는, 기네스북에 등장할 법한 편성시간까지 등장했다.

* 김동원, 〈시장의 성장, 노동의 추락: 한국 드라마 제작 현장의 노동운동을 위한 제안〉, '이한빛PD 죽음 이후, 드라마 제작 현장 2년의 변화와 과제' 토론회(2018)

〈개정근기법 시행! 그러나 방송 현장은?〉, 방송계 노동시간 단축을 위한 토론회(2018)

〈대기업 비정규직 실태 연구〉, 전국불안정노동철폐연대(2018)

〈한국 드라마 제작 현장의 노동 실태와 지속가능한 대안 모색〉, 드라마 제작 현장 노동인권개선을 위한 대토론회(2018)

〈카메라 뒤에 사람이 있다, 故이한빛PD 사건 이후, 드라마 제작 현장의 노동 실태 개선 국회토론회(2017)

#5 너무나 간단하고 무서운 '턴키 계약'

어릴 적 교과서에서 눈, 입, 손, 팔, 발 등 신체 기관이 각자 자신의 비중이 중요하다면서 서로 싸우는 동화를 본 기억이 있다. 신체의 기능이 각각 나눠져 있을지라도, 서로의 역할이 맞물려 한 몸으로 구성되었기 때문에 따로 분류할 수 없다는 교훈의 이야기였다. 갑자기 너무나 당연한 이야기를 뜬금없이 꺼내나 의아할 수도 있다. 이렇게 지극히 상식적인 이야기가 통하지 않는 곳이 바로 드라마업계이다.

20년 차 조명감독인 최밝음씨는 〈미안하다 사랑한다〉, 〈시크릿 강당〉, 〈SKY 캔들〉 등 성공작도 많은 베테랑 스태프이다. 그는 오늘도 최고의 드라마를 제작하기 위해 일터로 나섰다. 그런데, 촬영팀이 세트장으로 오는 길에 승합차 바퀴가 퍼져서 촬영 예정시간에 도착하지 못했다. 주연배우와 메인PD까지 모두 준비를 마쳤지만, 카메라도 없는 상황에서 베테랑 최밝음씨는 혼자의 힘으로는 결코 촬영을 성사시킬 수 없었다.

비슷한 예로 드라마 현장에서 다른 팀 없이 음향팀만 업무를 한다면, 그것은 라디오지 드라마가 아니다. 조명팀이 없다면 카메라가 아무리 좋아도 촬영팀은 절대 연기자의 밝은 모습을 필름에 담을 수 없다. 한 편의 드라마는 각 직군의 스태프들이 한날한시에 함께 모여서 한 팀으로 촬영에 임해야 완성될 수 있는 것이다. 드라마를 챙겨보지 않는 문외한일지라도 당연히 알 법한 상식이, 안타깝게도 드라마판에서는 전혀 통용되지 못하고 있다.

바로 '턴키 계약'이라는 계약 방식을 통해 방송국과 제작사는 기본적이고 상식적인 틀을 깨버린다. 턴키 계약은 피라미드형 도급구조가 공고화되면서 드라마업계 내에서 나타난 가장 일반적인 방식의 계약이다. 영어로는 'Turn-Key Contract'인데, 네이버 사전은 이 용어를 다음과 같이 해설하고 있다.

> "기획, 조사, 설계, 조달, 시공, 유지 관리 등 프로젝트 전체를 포괄하는 계약 방식. 발주자는 완성 후 키를 돌리기만 하면 된다는 뜻에서 이 명칭이 붙여졌다."

턴키 계약은 주로 건설업계에서 활용된다. 한 채의 건물을 짓는데 다양한 종류의 작업이 필요하다. 발주자는 단열재 시공, 조달, 설계 등 해당 작업을 하는 사람 혹은 팀에게 통으로 예산을 던져

준다. 계약을 맺은 팀은 총액 내에서 자체적으로 인건비, 시공비 등을 책정해서 작업을 진행한 뒤 완성품을 발주자에게 납품하면 된다. 대규모 건설회사들은 비용 절감과 수직구조 강화를 위해 턴키 계약을 정착시켰다. 메인 건설사는 개별 작업팀과 용역 계약만을 맺고, 현장의 건설노동자 대다수는 하청업체에 고용되어서 업무가 진행된다. 흔히 '십장'이라고 불리는 작업반장이 서류상 사장이 되어 본인이 관리하는 건설노동자들을 책임지는 구조이다.

단열재 시공 기술에 능숙한 W는 건설판에서 '십장' 역할을 맡고 있다. W는 A건설사와 2억 원짜리 단열재 시공 계약을 맺었다. W는 정해진 예산 내로 단열재 작업을 완성시켜야 한다. 시공 작업을 함께할 노동자를 직접 찾아야 하며, 심지어 업무가 진행되는 동안 고용관계 상 발생하는 책임 문제는 건설사가 아닌 작업반장인 자신에게 귀속된다. 이런 틀에서는 건설 현장에서 산재가 발생하더라도 건설사가 나 몰라라 하기 용이하다. 도급 구조 및 턴키 계약의 한계로, 하청 노동자의 권리는 매우 취약해졌으며 건설업계의 불합리한 관행도 심화되었다.

드라마업계 역시 피라미드형 하도급 구조가 건설업계만큼 공고한 상황이어서, 방송국과 제작사는 기어코 건설업계의 악습을 벤치마킹해서 턴키 계약까지 도입하기에 이르렀다. 드라마업계에서 발주자는 방송국과 제작사이며, 이들은 조명팀, 동시녹음팀, 그립팀 등의 개별팀들과 턴키 계약을 맺는다. 결론부터 말하자면, 턴키 계약은 방송 현장의 스태프를 가장 크게 압박하는 최악의 계

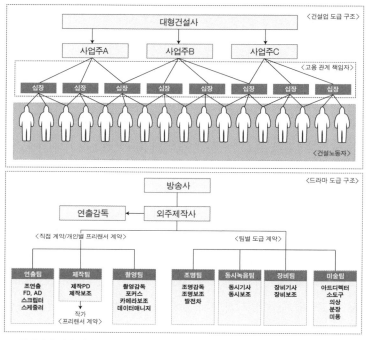

건설업 도급 구조

대형건설사

사업주A   사업주B   사업주C

고용 관계 책임자

십장 십장 십장 십장 십장 십장 십장 십장

건설노동자

드라마 도급 구조

방송사

연출감독 ← 외주제작사

〈직접 계약/개인별 프리랜서 계약〉   〈팀별 도급 계약〉

| 연출팀 | 제작팀 | 촬영팀 | 조명팀 | 동시녹음팀 | 장비팀 | 미술팀 |
| 조연출
FD, AD
스크립터
스케줄러 | 제작PD
제작보조 | 촬영감독
포커스
카메라보조
데이터매니저 | 조명감독
조명보조
발전차 | 동시기사
동시보조 | 장비기사
장비보조 | 아트디렉터
소도구
의상
분장
미용 |

작가
〈프리랜서 계약〉

✕✕ 건설업계 턴키 계약 구조와 드라마업계의 턴키 계약 구조 비교

약 방식이다.

드라마 제작 시스템은 신체구조와 유사하기 때문에 개별팀이 분절적으로 작업할 수가 없다. 건설업계와 비교하더라도 드라마 현장 작업이 더욱 통합적이다. 너무나 당연한 예시를 반복하자면, 촬영팀, 조명팀, 음향팀 누구 하나 촬영장에서 빠질 경우 촬영 자체가 불가능하며, 이 팀들이 따로 작업실에 모여서 작품을 만들 수 있는 것도 아니다. 네이버 사전의 설명처럼 발주자가 완성 후 키를 돌리기만 하면 끝나는 계약이 아닌 것이다.

또한 드라마 제작은 오케스트라 연주와 유사해서, 모든 스태프가 지휘자인 메인PD의 지시를 받아 협업을 통해 작품을 제작한다. 관리감독은 오로지 메인PD를 통해서 이루어진다. 예를 들어 동시녹음팀의 리더인 동시녹음감독이 아무리 계약 주체일지라도, 메인PD의 지휘 감독 아래 노동자로서의 역할을 수행해야 한다. 메인PD가 콜타임(집합시간)을 새벽 6시로 결정해서 촬영이 새벽부터 시작되었고, 촬영이 지연되어서 자정이 넘었는데도 촬영을 끝내지 않은 경우를 가정해보자. 동시녹음팀은 노동시간이 과도하다며 따로 빠질 수 없다. 모든 팀이 마찬가지다. 메인PD가 갑자기 세트장의 톤을 밝게 하라고 지시하면 조명팀은 이에 맞추어 즉각 업무를 수행해야 한다. 일일이 열거하지 않더라도, 드라마 제작 현장의 지휘·감독 관계가 메인PD를 관리자로 두는 피라미드형 구조로 이루어져 있다는 사실을 알 수 있다. 턴키 계약에 따르면, 관리자 및 책임자는 개별팀 감독으로 규정되어 있지만, 현장 관리 및 책임은 오로지 메인PD가 맡는다. 계약 자체에 에러가 있는 것이다.

이미 건설업계에서도 많은 문제를 일으켰던 것이 턴키 계약이다. 시스템조차 상이한 드라마 제작 현장에 턴키 계약을 도입한다는 것은 어불성설일 수밖에 없다. 그런데도 대부분의 방송국과 제작사는 턴키 계약을 이어가고 있다.

"너희 사장 찾아가라"

드라마 제작 현장의 관리자, 즉 사용자측이 누구인지를 따져보면 방송국과 제작사임이 분명하다. 그러나 이들은 턴키 계약을 통해 법적인 책임을 개별팀의 감독에게 돌릴 수 있다. 다른 업계에서는 다단계 도급 구조로 불리는 시스템이 드라마 제작 현장에서는 턴키를 통해 이루어지는 것이다. 영화 〈베테랑〉에 유사한 사례가 나온다. 배우 정웅인이 연기한 화물차 기사는 임금 체불을 당하게 되고 이를 해결하기 위해 백방으로 뛰어다니지만, 중간업체와 원청 대기업 사이에서 고충을 겪다가 결국 안타까운 사고를 당한다. 한국 사회의 다단계 도급 구조에 흔히 등장하는, "너희 사장 찾아가라"는 책임 회피의 레퍼토리이다. 누가 보아도 사용자가 명확한 드라마 제작 현장에서도 이 같은 일은 계속 벌어지고 있다.

심지어 턴키 계약은 일반적인 다단계 도급 계약보다 더 악질적일 가능성이 높다. 도급 계약에서는 종국에 원청의 책임소재 문제가 발생하기는 해도, 그나마 노동자들은 근로계약서라도 쓴다. 하지만 턴키 계약의 경우 팀원들의 인건비에 대한 제대로 된 규정 없이 용역 발주하듯 계약을 진행하기 때문에, 팀에 속하는 조수들은 근로계약서를 쓰지 못하는 경우가 속출한다.

촬영감독 박초점 씨는 10개가 넘는 작품을 하면서도 계약서에 '근로', '노동'과 같은 단어를 전혀 본 적이 없었다. 계약서에는 '갑'인 제작사에 '을'인 스태프팀이 용역 목적물에 해당하는 작품을 잘 완성하라는 내용만이 명시되어 있었다. 본인이 보았던 최악의 계

프로그램	프로그램명	○○○
	형식	○○○회 예정
	방송 일시	○○○○년 ○월 ○일
위탁업무	위탁일	○○○○년 ○월 ○일
	위탁업무 완료시기	계약 체결일로부터 본 프로그램 제작 관련 용역의 제공이 완료된 후 '프로그램'의 업무 종료일까지
	업무	1. 프로그램 제작 관련 ○○○업무 일체 2. 조근, 야근, 휴일업무 포함 3. 진행비: 유류대, 교통비, 식대 및 모든 집행비 포함 4. 업무시간: 24시간
위탁보수 지급	하도급 대금	○○○○○
	지급시기 및 방식	1. 계좌번호: ○○○○ 2. 지급일: ○○○○ 3. 지급방식: ○○○○
	기타	'제작사'가 합의하는 범위에서 실비로 지급
특약사항		• '을'은 '갑'에게 고용관계를 주장할 수 없다. • '을'은 프로그램 업무 종료일까지 용역 목적물을 '갑'에게 전달해야 한다. • 용역료는 프로그램 제작에 필요한 인건비, 경비를 모두 포함한다. • 장비의 운용 시 파손, 분실 시 모든 책임은 "계약자"가 책임을 지며, 관련 장비는 계약 만료 시 원상복원의 의무를 지닌다.

약서를 꼽자면, '을'이 '갑'에게 고용관계를 주장할 수 없다고 명시된 것이다. 메인PD는 하루에 열두 번씩 본인에게 지시하며 업무로 굴리고 있었는데, 마치 자신과 방송국이 파트너인 양 책임을 전가하다니, 황당하기 짝이 없었다. 속이 부글부글 끓어올랐지만 당시

에는 성과를 많이 내지 못한 슈퍼 을이라 아무 말도 할 수 없었다. 이렇게 악질적인 조항이 포함되었던 계약이 한두 건이 아니었다. 박초점 감독이 맺는 모든 계약서에는 근무시간이 8시간도, 10시간도 아니고, 애초 "24시간"이라고 박혀 있다. 예외는 없었다. 또한 계약 사항에 식비, 출장비, 장비 사용료 등 거의 모든 비용이 포함되어 있었기 때문에, 연출부 잘못으로 촬영장에서 변수가 발생해도 모든 비용을 박초점 씨가 감당해야만 했다. 심지어 다른 이의 말에 의하면, 시청률이 하락할 경우 계약이 해지될 수 있다는 상식 밖의 악질적인 조항을 포함한 계약서도 비일비재했다.

박초점 촬영감독이 처음 이 판에 뛰어들었을 때만 해도 턴키 계약은 흔하지 않았다고 한다. 드라마 시장이 커지고 외주화가 당연시되면서 어느새 턴키 계약도 고정값이 되어버렸다. 방송국 및 제작사와 스태프 사이 갑을 관계는 더욱 심화되었고, 심지어 임금 여건이 악화되기까지 했다. 박초점 씨가 〈완생〉이라는 드라마를 찍을 때에는 큰 빚을 지기도 했다. 박초점 씨는 1억 원짜리 계약을 맺고, 장비와 조수를 모아 세팅을 완료했다. 그런데 촬영 중간에 갑자기 메인PD가 특별한 카메라를 써야 한다면서, 박초점 씨에게 처음에 주었던 1억 원 내에서 카메라 비용을 해결해오라고 지시했다. 박초점 씨는 계약 때문에 어쩔 수 없이 턴키로 받은 1억 원 내에서 자신의 인건비를 깎아가면서 해당 비용을 채워 넣었지만, 그래도 드라마는 적자가 났다. 결국 박초점 씨는 〈완생〉 드라마가 끝난 뒤, 주당 120시간의 강행군에 대한 휴식도 제대로 취하지 못한 채 먹고살기 위해 바로 다음날 드라마를 뛰어야만 했다.

　박초점 씨는 20년 전을 그리워한다. 예전 같으면 스태프들이 현장에서 두 달 정도 열심히 일하면 한 달 정도 재충전의 시간을 가질 수 있었지만, 이제는 일이 끝나기가 무섭게 새롭게 일을 시작해야만 겨우 생활을 영위할 수 있는 수준이 되고 말았다. 뿐만 아니라 출장비, 장비 사용료, 식비 등의 비용이 모두 '용역료'에 포함된 채로 지급되는 바람에, 자신이 아끼는 후배들의 복지 여건을 스스로 악화시키는 결정을 내려야만 했던 것이다.

　방송국과 제작사가 턴키 방식의 도급 계약을 활용할 경우 근로기준법의 임금 규정을 준수할 필요 없이 단가를 후려칠 수 있었다. 인건비가 부족하더라도 개별팀에서 알아서 해결하도록 방치하면 그만이었다. 결국 턴키 계약을 맺은 모든 팀의 노동 여건은 필연적으로 악화될 수밖에 없는 것이다. 심지어 개별 스태프들이 노동자로 인정받지 못하는 결과로 이어진다. 턴키 계약에 의해 갑을 관계가 공고해지면 목적물 제작에 관여하는 대상은, 그것이 사람이든 장비든 관계없이 오직 수단이고 도구가 될 뿐이다.

　　"넉넉하게 받으면, 애들 넉넉하게 주고 싶죠. 이거 안 하더라도 한두 달은 더 쉴 수 있는 금액을 만들어 주고 싶은데. 그게 아니라 오늘 일 끝나면, 내일, 아니면 일주일 안에 다른 프로그램을 잡아서 무조건 일을 해야 하는 상황이 되다 보니까, 서로 각박해진 상태예요. 저는 이걸 턴키가 만들었다고 생각해요."

턴키 계약에 대한 문제가 제기되자 몇몇 방송국과 제작사에서는 시범적으로 직접 계약을 하겠다고 발표했다. 많은 스태프가 방송국의 결정에 환호성을 보냈다. 그런데도 향후 드라마업계가 어떤 방향으로 변할지는 두고 보아야 한다. 시범 사례로 턴키를 폐지하고 있지만, 아직도 대부분의 방송국과 제작사는 눈치만 볼 뿐, 턴키는 근절할 수 없다는 입장을 고수하고 있다. 사용자로서의 책임을 회피할 수 있는 가장 좋은 수단이기 때문이다. 심지어 턴키 계약을 폐지하자고 키스태프(감독)들이 뭉치니, 감독과는 직접 계약을 맺고 기존의 개별 팀원 중 퍼스트(감독 바로 밑의 직급)와 턴키 계약을 맺는 편법까지 등장했다. 상대적으로 힘이 약한 퍼스트를 압박해서, 계속 갑을 관계를 공고히 유지하려는 것이다.

2018년 드라마 현장을 찾아갔던 고용노동부의 특별근로감독관은 스태프의 노동자성을 인정했지만, 턴키 계약을 맺은 감독급의 노동자성은 부정했다. 진짜 사용자를 명확하게 규정하지 않으면 방송국과 제작사는 현장에서 발생하는 문제를 지속적으로 회피할 것이다. 결국 방송업계의 불합리한 관행의 해결도 요원해질 수밖에 없다. 따라서 원칙을 분명히 세워야 한다. 우리가 스마트폰을 사용하기 위해서는 뇌가 명령을 내리고 팔이 움직여서 손으로 기계를 잡고 버튼을 눌러야 한다. 몸을 억지로 쪼갤 수 없듯이, 카메라 뒤의 스태프 역시 작위적으로 직군을 쪼개서 계약해서는 안 된다. 현장을 책임지는 CP와 PD, 그리고 이들을 고용한 제작사와 방송국이 책임을 지고 개별 스태프와 계약을 맺어야 한다. 제작비를 편성할 때도, 대충 통으로 개별팀에게 예산을 던져주는 것이 아니라, 근로기준법에 따라 정확하게 임금을 책정해야 한다. 이제는 드라마 현장에서 장난감 로봇이 팔다리를 분리하는 것처럼 억지로 한 팀을 쪼개는 행태는 근절되어야 할 것이다.

* 해당 절에 등장하는 인물 및 특정 직업군의 이야기는 현장 스태프의 인터뷰를 기반으로 창작한 내용이며, 드라마 제목과 인물은 실제와 관련이 없다.

2장 클로즈업
카메라 뒤에, ○○은 없다

#1 잠 잘 '시간'이 없어졌다
– 카메라 뒤에서 잠 못 드는 밤들

55일 중, 단 이틀

처음 한빛PD의 근무기록을 보았을 때를 잊을 수 없다. 드라마를 만들기 시작한 이래 55일 동안 휴일은 단 이틀이었다. 당시 군 복무 중이라 업무 강도가 무척 세다고 전해 들었지만, 이 정도일 줄은 상상도 못 했다. 부모님이 형을 볼 수 있던 시간은 일주일에 한두 번, 그것도 겨우 새벽 네 시부터 여섯 시까지였다고 한다. 20시간 동안의 촬영을 마치고 집에 들어온 형은 딱 두 시간을 자고 다시 촬영장으로 나가야 했다.

'12 ON 12 OFF'

2018년 10월 26일은 형이 세상을 떠난 지 2년째 되는 날이었다. 2주기 추모제는 드라마 제작 현장의 문제를 해결하고자 하는 사

故 이한빛 PD 2주기 추모제

방송계 초장시간 노동 이제 그만!

12 ON 12 OFF
12시간 일하고 12시간 쉬자!

2018년 10월 26일(금) 저녁 7시
CJ E&M 센터 앞

추모제 후원계좌 : 1005-603-392213 우리은행, 방송노동환경개선을위한한줄기의빛한빛

주최 | 전국언론노동조합, 청년유니온, 한빛미디어노동인권센터, 희망연대노조 방송스태프지부

✖✖ 12 ON 12 OFF 포스터

람들과 함께했다. 노조로 뭉친 드라마 스태프들을 비롯한 다양한
사람들이 모여서 2주기 추모제의 대표 문구를 정했다. 바로 '12시
간 일하고 12시간 쉬자'는 의미의 '12 ON 12 OFF'였다. 8시간 근
무가 법으로 규정된 시대에, 딱 12시간만 일하고 나머지를 쉬게 해
달라는 처절한 요구가 안타까웠지만, 그래도 노동환경 개선을 위
한 첫걸음이었기에 모두가 만장일치로 해당 문구를 추모제 전면

에 내세웠다.

카카오톡 프로필 사진으로 '12 ON 12 OFF'를 걸어 놓았더니, 한 친구에게 연락이 왔다. 정말 친절하고 마음씨 따뜻한 친구였는데, 방송업계에 대해서는 잘 모르지만 우리를 응원하기 위해 메시지를 보낸 것이다. 그는 이렇게 말했다.

> "한솔! 추모제 문구 나도 공감해. 4차 산업시대라는데, 주 5일을 왜 고집하냐고! 일주일에 격일로 출근하면서, 12시간 일하고 다음 날 쉬면 좋잖아!"

친구 역시 근무 강도가 상당히 높기로 유명한 업계에서 계약직으로 일하고 있었다. 그러나 이 친구조차 '12 ON 12 OFF'가 액면 그대로 하루에 12시간 일하고 12시간은 쉬고 싶다는 주장일 거라고는 상상하지 못했던 것이다. 드라마 제작 현장은 하루에 18시간 넘게 일하는 것도 모자라, 그 살인적인 촬영을 2, 3주 연속해서 이어가는 곳이다. 일반적인 상식을 가진 사람은 떠올리기조차 어렵다. 주 120시간의 근로가 당연한 세계. 그곳이 바로 드라마를 찍는 카메라 뒤의 세상이다.

주당 126시간

한빛PD가 세상을 떠난 지 2년 반이 지났어도, 정권이 바뀌어 52시간 근무제가 도입된다며 난리가 나도, 드라마업계는 요지부동이다. 한 번은 시청률 고공행진을 달리던 한 드라마 제작 현장에 제보가 들어왔다. 일주일에 6일을 21시간씩 촬영한다는 것이다. 한빛센터는 주 126시간이라는 비현실적인 노동시간에 대해 문제를 제기하는 일을 이어갔다. 이에 부담을 느낀 제작사와 방송국은 대책을 내놓겠다고 발표했다. 제작사와 방송국의 다소 빠른 반응에 '드디어 시대가 바뀐 것인가' 하는 기대감이 들었고, 현장 스태프에게 도움이 된 것 같아 뿌듯했다.

그런데 농담 같은 일이 발생했다. '21시간 일하는 것이 살인적이라 하니 18시간으로 줄이겠다, 다만 주 6일 일하던 스케줄을 주 7일로 바꾼다'는 공지가 스태프에게 내려왔던 것이다. 제보자는 망연자실했고, 한빛센터에 제보한 일 자체에 회의감을 가지는 듯 보였다. 회사가 고심 끝에 내린 결론이 정확하게 일주일에 126시간이라는 변동 없는 근무시간을 고수하는 것이었다. 조삼모사처럼, 하루에 3시간 쉬고 일하는 게 힘들면, 6시간 쉬게 해줄 테니 휴일을 반납하라는 말도 안 되는 계획을 대책이랍시고 내놓은 것이다.

"방송 안 내보낼 거야?"

주당 촬영시간이 120시간을 넘기더라도 관리직의 저 한 마디면 모두가 잠을 포기하고 마는 마법이 벌어진다. 각성과 수면이 서로 겹치는 극도의 피로 상태라 해도 촬영 현장을 지켜야 한다. 버텨야만 한다. 그렇게 '디졸브'의 시간이 한 달간 이어진다.

드라마 제작 현장의 장시간 노동 문제가 제기 될 때마다, 관리자

급들은 산업의 특성 상 어쩔 수 없다며, 무조건 반사적으로 다음 말을 꺼낸다. "장시간 촬영이 문제라는 건 너무나 잘 알고 있어요. 근데 어쩔 수 없어요. 일단 방송은 내보내야 하잖아요" 이런 이야기는 공식적인 자리에서도 빈번하게 들을 수 있다. 일주일에 두 편씩 방영되는 드라마 편성은 이들에게 신성불가침의 영역이다. 드라마에 한 회가 펑크 나면 제작사와 방송국은 광고 수입과 관련된 재정 손해를 입기 때문이다.

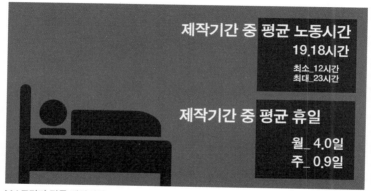

✕✕ 드라마 평균 제작시간(©한빛미디어노동인권센터)

　제작사와 방송국은 그런 손해를 감수하기보다는, 가장 약한 고리인 스태프들을 밤새 돌리고 또 돌리는 것이다.

변수가 아닌 상수

드라마 기획 과정에 드러나는 업계의 관습적인 행태도 문제를 심화시키는 원인이 된다.

우선 '쪽대본'으로 유명한 한국 드라마 산업의 오랜 악습이 대표
적이다. 시청률과 광고 수익을 지나치게 의식한 나머지, 시청자 반
응에 따라 촬영 도중 대본의 방향이 틀어진다. 방영시간이 임박해
서 대본이 완성되다 보니, PD와 스태프, 배우 할 것 없이 누구도
대본에 대한 이해도가 떨어진 상태로 촬영에 임한다. 쪽대본의 정
도가 심할수록 시행착오도 그에 비례해 늘어나고 만다. 이런 상황
에서 매주 200분에 가까운 분량을 찍어야 하니, 모두가 감당 불가
능한 구조일 수밖에 없다. 쪽대본 문제를 해결하고자 사전에 준비
를 많이 한다 해도, 현장에서는 마찬가지의 문제가 자주 발생한다.
　장시간 촬영으로 문제가 되었던 H 드라마의 경우, 사전에 대본
준비를 많이 해 두어 여유롭게 촬영을 시작할 수 있었다. 12시간
촬영이 유지되는 비교적 이상적인 현장이었다. 그런데 윗선에서 대
본 전체를 갈아엎고 작가를 교체하면서 1부부터 다시 쓰라는 지
시가 떨어졌다. 현장은 두말할 나위 없이 굉장히 촉박해졌다. 방송
국과 제작사 그리고 메인PD급에서 발생하는 이러한 관행은, 오늘
날의 드라마 제작 현장을 더욱 처절하게 만들고 있다.
　한빛PD가 참여했던 〈혼술남녀〉 역시 반사전 제작이라는 안정적
인 기획에서 출발했지만, 방영을 일주일 앞두고 기획을 뒤엎고 촬
영팀을 구조조정 하는 일을 벌였다. 이런 사태가 발생했을 때 책임
을 떠안는 것은 현장에 있는 스태프들이다. 아래에서는 위에서 결
정된 사항을 따르느라, 살인적인 장시간 노동을 감당하며 방영시
간을 맞춰온 방식을 오랫동안 이어왔다. 방송국과 관리자들은 현

장의 노동자들을 갈아 넣어 유지하는 구조를 마치 당연한 것처럼 지속하고 있는 것이다.

방송업계뿐만 아니라 세상의 어떤 프로젝트에서도 불가피한 변수는 생기기 마련이다. 혹자는 드라마 현장이 특별한 것이 아니라, 어디서나 생길 수 있는 피치 못할 변수로 노동시간이 종종 과도해지는 게 아니냐고 반문할 수도 있다. 하지만 주당 140분이 넘는 분량의 드라마를 제작해야 하고, 각종 악습이 잔존해있는 드라마 산업은 불가피한 변수 때문에 문제가 생긴 것이 아니라, 애초에 장시간 노동이 초래될 수밖에 없는 조건 위에 있었기 때문이다. 더 심한 상황에서 찍느냐, 덜 심한 상황에서 찍느냐의 차이만 존재할 뿐이다.

실제로 장시간 노동 문제가 공론화된 이후 tvN에서 방영했던 한 드라마는 반사전 제작을 통해 장시간 노동을 줄여보겠다는 기획을 하기도 했다. 하지만 방영을 앞두고 주연배우 한 명과 관련된 문제가 터져 하차하게 되었고, 해당 분량을 재촬영하게 되었다. 타이트하게 짜인 일정과 인력으로는 도저히 주당 200시간의 편성시간을 감당할 수 없었다. 결국 이 드라마 제작 현장 역시 하루 20시간이 넘는 살인적인 일정을 몇 주간이나 버텨내야 했다.

한빛센터는 지난 2018년, 무려 32개의 드라마 제작 현장에서 장시간 노동시간 문제를 제보받았다. 미처 제보하지 못한 현장들이나 센터 운영 초기에 제보 시스템이 잘 알려지지 않았다는 사실까지 고려한다면, 살인적인 장시간 노동은 거의 모든 드라마 제작 현장의 디폴트라고 보아도 무방하다. 문제제기를 위해 연출팀을 만나보면 모두가 짠 듯이 '안타깝지만 불가피한 변수로 인해 어쩔 수 없었다'고 답변한다. 이쯤 되면 변수가 아니라 상수이다. 그것도 불가피한 변수가 아니라, 수습 가능하지만 수습하지 않고 있는 상수이다.

드라마 촬영에서 야외 현장 상황에 따라 변수가 많이 발생한다는 사실은 누구나 알 수 있다. 누구나 알 수 있는 변수는 변수가 아니다. 그렇다면 방영 전에 상당 분량을 찍어두거나, 편성시간을 줄이거나, 불가피한 변수가 크게 발생했을 때는 편성을 미룰 수라도 있어야 한다. 그러나 제작사와 방송국은 어떠한 대책도 만들어두지 않고, 오로지 변수 탓만 하고 있다. 구조는 개선하지 않은 채 '방송 내보내야 한다'는 말을 통해 노동자들에게 모든 문제를 전가하고 있는 것이다. 이는 어떠한 말로도 정당화될 수 없다.

내일은 다를 수 있을까

"차라리 이동 거리가 길었으면 좋겠어요. 유일하게 잘 수 있는 시간이거든요."

"새벽 4시에 끝내놓고 2시간 동안 자라고 찜질방을 보냈어요. 그런데 다들 찜질방을 가지 않고 현장 버스에 그대로 남아있어요. 쉬러 가면 다시 깨기 어려울 테니까요."

이런 제보들을 더 이상 보고 싶지 않다. 드라마 제작 현장을 아름답게 만드는 다양한 변화를 상상하고 싶은데, 지금 당장은 가장 원초적인 노동시간 문제에 직면해 있어 누구도 다른 고민을 이어갈 수가 없다.

그래도 다양한 현장의 제보와 적극적인 대응을 통해 방송국 측에서도 하나둘씩 살인적인 노동시간을 개선할 방안을 내놓고 있다. 1일 최대 근무시간을 12시간에 가깝게 제한하겠다는 발표도 들을 수 있었다. 하지만 아직 방송국을 온전히 믿을 수는 없다. 방송국의 개선안을 자세히 들여다보면, 업무시간에서 휴게시간과 버스 이동시간 일부가 제외되어 있다. 이 시간을 더하면 전체 근무시간은 15시간에서 18시간으로 늘어나게 된다. 편법으로 인해 변화가 말짱 도루묵이 된 것이다. 게다가 노동시간에 대한 가이드라인을 발표했는데도 실제 제작 현장에서는 똑같은 문제가 재발하고 있고, 방송국의 지시사항은 유명무실해지고 있다. 현장 스태프들이 "누가 68시간을 지키면서 찍냐", "아마 우리 일은 줄어들지 않을걸" 하고 자조하는 분위기도 팽배하다.

심지어 최근에는 방송국들이 탄력근로제를 통해 노동시간 감축을 우회하려고 한다는 소문까지 들었다. 탄력근로제를 활용하면 각종 편법이 가능해진다. 예를 들어, 촬영기간이 3개월인 드라마 제작 현장에 6개월의 탄력근로제를 적용하면, 제작기간 3개월 동안에 평소 제한시간의 두 배를 찍을 수 있게 된다. 즉, 주 52시간의 두 배인 주 104시간을 촬영해도 법적으로 문제가 없다는 계산이다. 정부와 정치권이 탄력근로제 도입을 적극적으로 검토하고 있어 불안감은 증폭되고 있다.

이런 말도 안 되는 편법이 난무한다면, 카메라 뒤의 사람들은 또 한 번 큰 좌절감을 느끼게 될 것이다. 노동에 있어 노동시간은 가장 기초적인 영역이다. 지금의 살인적인 장시간 노동은 절대 유지되어서는 안 된다. 드라마 제작 현장의 종사자들을 위해서라도, 결코 누구에게도 양보할 수 없는 최후의 마지노선이다. 정부, 방송국, 제작사, 그리고 현장의 종사자들 모두가 말도 안 되는 오늘날의 상황에 대해 전향적인 변화를 선택해야 한다. 주 52시간 근무 제한은 오늘의 노동자 모두가 누릴 수 있는 너무나도 당연한 권리이다. 아름다운 드라마를 만드는 사람도 인간답게 살아갈 수 있다.

공식적으로 신고 접수된 드라마 리스트(2018~2019년 중순)

〈시크릿 마더〉〈흉부외과〉〈리치맨〉〈그녀로 말할 것 같으면〉〈이리와 안아줘〉〈친애하는 판사님께〉〈나는 길에서 연예인을 주웠다〉〈마성의 기쁨〉〈나인룸〉〈플레이어〉〈내 아이디는 강남미인〉〈배드파파〉〈최고의 이혼〉〈프리스트〉〈손 더 게스트〉〈대장금이 보고 있다〉〈아스달 연대기〉〈열두밤〉〈라이프〉〈로맨스는 별책부록〉〈아이템〉〈복수가 돌아왔다〉〈이몽〉〈왼손잡이 아내〉〈빅이슈〉〈열혈사제〉〈시크릿〉〈초면에 사랑합니다〉〈나의 나라〉〈의사요한〉〈우아한가〉〈미스터 기간제〉〈오늘의 탐정〉〈서른이지만 열일곱입니다〉〈식샤를 합시다3〉〈보이스2〉〈라이프 온 마스〉〈뷰티 인사이드〉〈아는 와이프〉〈러블리 호러블리〉〈동백꽃 필 무렵〉〈숨바꼭질〉〈열두밤〉〈마녀의 사랑〉〈나의 아저씨〉〈화유기〉〈설렘주의보〉〈시간이 멈추는 그때〉〈여우각시별〉〈그놈을 잡아라〉〈동네변호사 조들호2〉〈황후의 품격〉〈나홀로 그대〉〈키마이라〉〈유령을 잡아라〉

* 위 리스트는 공식적으로 문제제기된 드라마이다. 신고되지 않은 드라마가 더 많을 것으로 추정된다.

#2 돈이 없어졌다
- 장시간 노동에도 낮은 '임금'

2018년 여름을 뜨겁게 달궜던 김은숙 작가의 tvN의 드라마 〈미스터 션샤인〉은 넷플릭스의 투자금을 포함해 400억 원이 넘는 수준의 제작비를 투자받은 작품으로 알려졌다. 웬만한 미드나 할리우드 영화가 부럽지 않은 예산으로 드라마를 제작한 것이다. 한국 드라마의 수요가 전 세계적으로 커지면서 제작 규모도 계속해서 확장되고 있다.

드라마 제작비는 '회'를 기준으로 편성된다. 지상파 방송사는 일반적으로 회당 3~4억 정도의 제작비를 책정한다. JTBC와 tvN의 경우는 지출을 먼저 하고 보전을 해주는 방식으로 제작비가 책정되어서, 지상파보다는 제작비가 평균적으로 높은 편이다. 따라서 〈미스터 션샤인〉의 제작비 400억 원 수준은 아니더라도, 미니시리즈 총 제작비용이 대부분 50억 원을 상회하는 것이다.

제작비에 대한 이야기를 하다 보면, 자연스럽게 다음의 질문이 떠오를 것이다.

"그 돈은 다 어디로 갔나요?"

스태프들은 최저임금조차 못 받으며 주당 100시간이 넘는 촬영을 이어가고 있는데, 대체 방송국과 제작사로 들어오는 돈은 다 어디로 갔다는 말인가.

○
●
우선 방송국과 제작사는 드라마 스태프의 임금을 올릴 의지도 없었고, 노동자에게 정당한 대우를 하도록 규제하는 제도도 없었다. 턴키 계약을 통해 임금 후려치기가 발생했음은 앞서 확인한 바 있다. 10년 전의 턴키 계약 비용이 지금의 턴키 계약 비용과 비교했을 때 거의 그대로인 촬영 현장도 상당수이다. 애초에 근로계약을 맺지도 않는데, 턴키 계약의 비용 또한 오르지 않으니 개별 스태프의 임금이 오를 리가 만무했다. 하지만 지난 10년간 물가는 엄청나게 올랐고, 심지어 최저임금은 두 배가 넘게 올랐다. 투자금은 늘어났지만 방송국과 제작사는 하도급 계약을 맺고 단가 후려치기를 이어가며 드라마 스태프의 임금줄을 동여맸다. 임금뿐만 아니라, 식비 6,000원, 숙박비 40,000원도 5년 동안 변하지 않았으며, 숙식비만 없애버린 제작 현장도 많다. 심지어 최근 SBS가 임금을 상품권으로 지급한 사건까지 드러나 사회적으로 큰 논란이 되기도 했다. 방송국과 제작사의 '임금 후려치기'의 수준은 밝혀지면 밝혀질수록 아주 가관이다.

드라마 제작 현장에서 임금을 제대로 지급하지 않기 위해 제도를 악용한 사례를 열거하자면 책 한 권으로도 모자라다. 대표적인 사례만 뽑아보자면, 우선 일급 체계를 이야기할 수 있다. 붐맨 스태프 장밀대 씨는 〈자갈시계〉라는 드라마 제작에 참여하게 되었다. 제작사와는 일급 계약을 맺었다. 여기서 말하는 일급 계약이란, 근무시간이 길든 짧든 일급은 동일하게 지급하는 계약을 의미한다. 주변의 많은 스태프들이 대부분 일급 계약을 맺고 있길래, 큰 문제가 없는 줄 알았다. 그런데, 촬영을 시작한 지 중간쯤 지났을까, 제작사에서 계속해서 촬영 일정을 촉박하게 잡았고, 하루에 20시간 이상의 노동을 시켰다. 추가 수당이라도 더 줄 것이라 기대했지만, 제작사는 일급으로 계약했기 때문에 꿈도 꾸지 말라고 통보했다. 장밀대 씨는 제작사가 촬영 계획을 지나치게 타이트하게 잡았다는 사실을 뒤늦게 깨달았다. 어차피 일급 계약 노동자에게는 10시간을 시키든 20시간을 시키든 똑같은 돈을 주면 되니, 여유롭게 8시간씩 촬영을 계획할 이유가 없었던 것이다.

가상의 이야기가 아니다. 실제로 tvN에서 120시간 노동으로 문제가 되었던 A 드라마의 경우, 개별 스태프가 드라마 제작기간 동안 받은 임금을 시간으로 나누니 약 3,800원이 나왔다고 한다. 2018년 최저임금이 7,530원였고 드라마 스태프는 8시간 근무를 기준으로 일당을 받는 계약을 맺었으니, 하루에 20시간을 촬영한다면 대충 계산기를 두들겨 보아도 시급은 채 4,000원이 되지 않는다.

또한 턴키 계약의 문제도 임금 문제를 더욱 열악하게 만들고 있다. 방송국과 제작사 입장에서 턴키 계약을 맺은 팀에게 전체 금액을 지불한 이후에는, 기획을 뒤엎어서 촬영을 다시 하더라도 이들에게 임금을 더 지불할 필요가 없다. 턴키 계약을 맺은 팀의 키스태프 입장에서도, 사정상 촬영이 연장된다는 통보를 받아도 조수들에게 임금을 더 주기가 현실적으로 쉽지 않다. 결국 개별팀의 조수들은 간신히 최저임금 수준을 받고 일하거나, 막내들은 그마저도 못한 임금을 받으며 일을 강행해야 한다.

방송국과 제작사가 노동 조건을 보장하는 것보다 제작비 절감을 최우선적으로 고려한다는 것은, 문제가 제기되었을 때 그들이 보이는 행태를 통해 충분히 추측할 수 있는 사실이다. 장시간의 촬영이 2~3주간 이어지면서 참다못한 스태프들이 한빛센터에 제보해 센터 측에서 대응했을 때, 제작사의 태도는 대부분 일관적이다. 촬영 시간이 과도하게 길었음을 인정하고 빠르게 B팀을 구성해서 노동 시간을 정상화시키고 기존의 스태프들에게도 초과 수당을 지급하겠다고 약속한다. (B팀이란 메인감독팀 이외에 새로운 팀을 구성하여 대본을 나눠서 찍는 형태이다. 주요 장면이 아니면 반드시 메인PD가 찍을 필요는 없기 때문에 역할 분담 측면에서 매우 유용한 시스템이다.) 요즘은 이행도 빠르게 되는 편이다. 방송업계의 악명 높은 노동시간 문제가 조금은 해결되는 듯해서 다행이지만, 사실 B팀 투입과 초과 수당 지급이 이렇게 쉬운 일이었다면, (그들의 주장대로) 변수가 발생해서 노동시간이 늘어날 것이 예상되었을 때, 이미 그렇게 대응하는 것을 고려했었어야 한다. 하지만 문제가 제기되고 나서야 '소 잃고 외양간 고치듯' B팀 투입과 초과 수당 지급을 결정했다. 만약 문제가 제기되지 않았다면 장시간 노동을 유지하고 유야무야 넘어갔을 것이다. 방송국과 제작사에게 인건비를 더 부담하겠다는 선택지는 우선순위에 없다. 사회 구조와 제도가 이를 용인했고, 착취가 일상적인 문화인 드라마 제작 현장에서 어쩌면 이는 너무나 당연한 행동일지도 모르겠다.

턴키 계약을 직접 계약으로 전환하겠다는 몇몇 드라마 제작팀의 결정도 임금 문제를 해결하는 방향으로 이어지지는 않았다. 기존의 턴키 계약을 맺은 팀이 직접 계약으로 사용자만 전환되었을 뿐, 임금은 이전과 동일하게 받는다. 과거부터 이어진 전례라는 이유에서다. 결국 계약 대상이 키스태프에서 제작사로 바뀌었을 뿐, 임금 상승이 이루어지지는 않은 것이다.

최근에는 신종 편법도 등장했다. 지난 2년 반 동안 다양한 사람들이 문제를 제기하면서 드라마 제작 현장에서도 68시간 노동시간을 지켜야 한다는 분위기가 생겨났고, 방송국과 제작사도 이를 무시할 수 없었다. 하지만 드라마 촬영기간에 여유를 두자니, 소모되는 인건비가 너무 아까웠나 보다. 주당 68시간을 지킨다면서 하루에 20시간씩 촬영을 강행하고 그 다음 날은 아예 촬영스케줄을 잡지 않았다. 결국 일주일 동안의 총 촬영 시간을 따져보면

68시간이 나오긴 하지만, 실제로 촬영기간은 3~4일밖에 되지 않아 스태프는 혹사 수준의 과로를 하고는 기존의 2/3도 안되는 임금을 받는 시스템이 만들어지게 되었다. 이로 인해 스태프들 사이에서 논란이 발생하기까지 했다. 68시간 노동시간을 지키려는 운동이 결과적으로 스태프의 임금을 하락시키는 결과를 낳았기 때문이다. 조금이나마 현장의 사람들에게 도움이 되고자 했던 우리의 당연한 요구가 결과적으로는 현장의 스태프들에게 피해를 주는 결과를 낳았기 때문에, 너무 참담했다.

최저임금의 절반도 받지 못하는 스태프가 있는 반면, 회당 1억 원을 넘게 받는 스타배우, 스타작가, 스타PD도 같은 제작 현장에 존재하고 있다. 케이블과 종편의 약진은 이들의 몸값 상승을 계속해서 부추기고 있기도 하다. 종사자가 아닌 시청자의 입장에서 이들이 받는 돈에 대해 왈가왈부할 필요 없고, 그럴 생각도 없다. 해외에서 잘 나가기 때문에 그만큼의 섭외비용을 들일 수도 있는 것이고, 그런 문제는 어쨌거나 기획자들과 제작에 참여하는 자들의 몫이다. 다만 오랜 시간 동안 스타배우와 작가의 개런티는 천정부지로 올랐고 이를 감당할 수 있을 만큼 재정의 규모가 충분했음에도 불구하고, 함께 드라마를 제작하고 있는 카메라 뒤의 스태프, 단역배우와 같은 약자들의 권리는 외면해온 것이 문제다. 또한 현장 내에서 과도한 임금 격차가 생기기 시작하며 현장 종사자들의 자괴감도 매우 높아졌다. 관리자들이 이러한 문제를 모두 인식했으면서도 보장해야 할 최소한의 노동권마저 외면해온 사실은 강하게 비난받아 마땅하다.

프리랜서, 턴키 계약, 일당 계약 등의 편법으로 인건비 후려치기가 자행되고 있지만, 방송국과 제작사를 제한할 수 있는 규제는 전혀 고려되고 있지 않다. 처벌도 없는 데다가 모든 결정권을 사용자에게 맡겨 놓고, 이들에게서 양심적인 선택을 기대하는 것은 애초에 무리였다. 도급 계약에 비정규직, 계약직이 대부분인 드라마 제작 현장에서 노사협상을 기대하기도 쉽지 않다. 결국 사회가 함께 나서기 전까지 임금 문제가 나아지기란 매우 어려울 것으로 보인다.

다행히도, 최근 방송스태프노동조합과 한빛센터 등의 노력으로 반가운 소식이 세상에 알려질 수 있었다. 〈도깨비〉, 〈미스터 션샤인〉 등을 만들었던 CJ ENM의 드라마 제작사 〈스튜디오 드래곤〉이 스태프의 임금 인상을 약속했다. 기존의 임금 체계와 비교한다면 두 배가량 오른 금액은 많은 노동자에게 기대감을 안겨주었다.

다만 이 흐름이 모든 드라마 제작 현장에 적용될지는 지켜보아야 한다. 첫 번째 우려되는 점은 텐트폴 전략으로 거대한 수익구조를 형성할 수 있는 드라마의 제작 여건과 그렇지 못한 드라마 제작 여건 간에 양극화가 발생할 수 있다는 점이다. 〈스튜디오 드래곤〉이 대승적인 결정을 할 수 있었던 데는 그들이 거대한 자본을 투입하는 드라마를 제작하는 회사라는 이유도 크게 작용한다. 따라서 소위 '장사가 잘되는' 드라마의 스태프들만 개선된 여건을 보장받는 것이 아니라, 모든 드라마 제작 현장 여건이 나아질 수 있도록 변화가 이어져야 한다.

두 번째로 우려되는 것은 임금은 상승하고 있지만, 이것이 적정한 노동시간을 보장하는 움직임으로는 이어지고 있지 않다는 점이다. 임금을 두 배로 올려준다고 하니 스태프들은 자연스레 현재의 시스템에 찬성하고 계약을 맺을 수밖에 없다. 이러한 자발적 동의는 훗날 살인적인 노동시간이 문제가 되었을 때, 방송국과 제작사가 '스태프들이 자발적으로 찬성한 것'이라고 둘러댈 면죄부를 줄 수도 있다. 노동시간과 임금은 별개의 문제이다. 현재의 긍정적인 흐름이 카메라 뒤의 사람들을 진정으로 보호할 수 있도록 지속적인 관심이 필요하다.

"좋아서 하는 일이 아니면 버티지도 못했어요"

요즘 드라마업계 사람들과 대화를 하다 보면, 신규 스태프의 수가 확연히 줄었다는 이야기를 자주 듣는다. 구직 사이트에 올라오는 어떤 아르바이트를 하더라도 이 판에서 일하는 것보다 훨씬 더 많은 돈을 받고 덜 혹사당하며 일할 수 있다. 신규 인력의 유입이 감소하는 추세는 어찌 보면 당연한 이야기이다. 임금은 시간과 더불어 노동에 있어서 가장 중요한 요소이다. 지금까지는 스태프들의 간절함을 인질 삼아 상식을 저버리는 열정페이가 용인되었다. 하지만 꿈과 열정을 자본 삼아 돈을 벌던 방송국과 제작사의 유통기한은 얼마 남지 않았다. 참아왔던 현장에 대한 문제의식은 한빛 PD를 통해서 폭발하였고, 기존의 만행이 결코 당연하지 않다는 사실을 이제는 다수가 인지하기 시작하였다. 내부에서는 문제의식이 심화되었고, 외부에서는 새로운 사람이 유입하지 않는 악순환이 시작되었다. 방송국과 제작사는 하루빨리 구조적 문제를 인지하고 메스를 대기 시작해야 한다.

다양한 사람들이 각자의 꿈을 가지고 드라마업계로 들어온다. 꿈을 꾸는 사람들이 착취만 당하다가 상처받고 떠나지 않는 사회를 만들어야 한다. 드라마도 결국 사람이 만드는 것이다. 떠나는 사람은 많은데 새롭게 들어오는 사람이 없는 오늘의 심각성을 이 판의 모두가 인지해야 한다. 스태프들이 스타배우, 스타작가 수준의 임금을 요구하는 것이 아니다. 일한 만큼이라도 정당한 대우와 존중을 받기를 요구할 뿐이다. 그리고 이들의 요구는 너무나 쉽게 달성될 수 있다. 몇십억, 몇백억의 예산이 있다. 누군가는 회당 억 단위의 대우를 받는다. 이들의 1%만큼만 같은 공간의 노동자에게 배분하면 된다.

임금 대신 상품권 페이로 대체하는 방송국과 제작사의 행태를 보아하니, 현장의 재정 문제는 하루아침에 해결될 것처럼 보이지는 않는다. 자본을 쥔 사람들은 수단과 방법을 가리지 않고 법망을 우회하면서까지 부당하게 임금을 축소하고자 기를 쓸 것이다. 따라서 편법을 사용하지 못하도록 체계적인 제도를 마련해야 하며, 위반 시 엄하게 처벌할 수 있어야 한다. 또한 부당한 대우가 발생했을 시에 함께 모여 대응할 수 있어야 한다. 한빛센터와 이 판의 많은 사람은 이제라도 정당한 임금체계가 확립될 수 있도록 목소리를 더욱 높여나갈 것이다.

#3 '프리랜서'?
당신도 노동자가 맞습니다

보고 듣기에 참 좋은 단어들이 있다. 나는 개인적으로 '완행열차', '여행자'라는 말을 정말 좋아한다. 가벼운 무게감으로 세상을 자유롭게 돌아다니는 이미지가 연상되고, 따뜻하고 푸근한 마음이 들기 때문이다. 사회적으로도 대중들이 선호하는 단어가 있다. '젊음'이나 '청춘'과 같은 단어가 그렇다. '만물이 푸른 봄철'이라는 청춘의 뜻처럼 단어 자체에 좋은 의미가 담겨있기도 하다. 열거한 단어들은 분명 좋은 의미를 포함하고 있고 실제로도 긍정적인 맥락에서 자주 활용된다.

하지만 이 단어들이 마냥 좋은 의미로만 사용되는 것은 아니다. 맥락에 따라 부정적인 뜻을 함의하기도 하고, 때로는 의미가 왜곡되거나 악용되는 상황도 발생한다. 서울에서 무궁화호를 타고 부산에 내려갈 때면 '완행열차'라는 단어의 의미를 생각하는 것만으로도 힘들다. 뿐만 아니라 '여행자'라는 단어에는 '역마살'이나 '불안정'과 같은 부정적인 단어가 따라붙기도 한다.

'젊음'과 '청춘'이 악용된다면 앞선 단어들보다 훨씬 더 부정적인 효과를 불러온다. '열정페이'라는 단어도 그렇게 창조되었다. 실질적인 자본이 없는 청년들에게 '젊음'과 '청춘'은 마치 특권과도 같이 느껴지지만, 결국 열정에 따르는 책임만을 부여하는 기성세대의 행위와 시선을 강화한다. 더 많이 가진 사람들이 약자들에게 '젊음'과 '청춘'과 같은 모호하고 상징적인 지위만을 부여함으로써, 기울어진 현재의 운동장을 감추고 잘못된 시스템을 유지하는 것이다. '아프니까 청춘이다'의 유행이 대표적이다. 약자들은 이에 숨겨진 기만을 포착했다. 사이버 공간에서는 '노력하라'는 기성세대의 기만적인 조언을 '노오력'이라는 은어로 희화화하며 청춘이라는 단어를 부정적으로 활용하는 것을 비꼬았다. 아무리 보고 듣기 좋은 단어라도 누가, 어떻게 사용하느냐에 따라서 무서운 결과물을 내놓기 마련이다.

프리랜서

모든 직장인들이 한 번쯤은 상상해보았을 법한 근무 형태다. 일하고 싶을 때 일하고, 자신의 역량을 펼칠 곳을 자유롭게 선택할 수 있다고 하니, 꽤나 낭만적인 근무 방식이라고도 할 수 있다. 방송업계에 '프리랜서'가 정착한 지 꽤 오랜 시간이 지났다. 대중들에게 방송업계 내에서 일하는 프리랜서가 알려진 것은 방송국 소속 직원이었던 아나운서들이 프리랜서 전향 선언을 하면서부터였다. 본인의 활동이 소속된 방송국에 국한되고, 윗선의 지시 아래 활동해야만 하며, 수익에도 제한이 따르는 데 부정적인 견해를 가졌던 아나운서들이 하나둘 프리랜서로 전향했다. 이후 대중들에게 프리랜서란 여러 방송국을 '자유롭게' 오가며 능력이 입증되는 만큼 일할 수 있는 사람들이라는 이미지로 각인되었다.

요즘도 프리랜서로 분류되는 사람들이 방송·연예 업계에 자주 등장한다. 대표적으로, 다수의 예능에 출연하는 유시민 작가가 일종의 프리랜서라고 볼 수 있다. 유시민 작가는 JTBC 〈썰전〉에 출연하는 동시에 tvN의 〈알쓸신잡〉에서 활약하기도 했다. 전현무, 서장훈 등 방송인 가운데 프리랜서의 전형적 예시가 될 만한 사람들은 많다.

갑자기 뜬금없이 방송업계 프리랜서들의 사례를 길게 거론한 이유는, 프리랜서 드라마 스태프와 프리랜서 방송인의 차이를 대조하기 위해서이다. 드라마 제작 현장의 스태프들은 상당수가 프리랜서 계약을 맺고 있고, 실제로도 프리랜서로 불린다. 하지만 이들의 고용 및 노동 시스템을 들여다본다면, 앞서 이야기한 아나운서나 방송인 등 상식적인 의미의 프리랜서와는 거리가 매우 멀다.

"너는 노동자가 아니야"

우리나라에는 프리랜서를 정의하는 법률적인 규정이 없다. 방송국과 제작사가 드라마 스태프와 프리랜서 계약을 맺는 것은 사용자가 부담해야 하는 법적 책임을 피하려는 이유가 가장 크다. 프리랜서는 근로기준법의 적용을 받기 어렵기 때문에, 사실상 노동시간에 제한이 없다. 사용자들이 주당 120시간의 살인적인 노동을 스태프에게 강요하고도 그동안 잘못이 없다며 어깨를 꼿꼿이 세웠던 이유는, 본인들이 고용한 사람이 노동자가 아니라 프리랜서였기 때문이다. 심지어, '담당 PD의 불화' 같은 주관적인 이유로 계약을 해지하는 것도 가능하다 보니, 악용 사례는 점차 늘어났다. 프리랜서 형태의 계약이 드라마 제작 현장에서 사용자에게 주는 편의성은 프리랜서 계약을 점차 확대하게 하였고, '슈퍼 을'이라고 할 수 있는 드라마 스태프들은 울며 겨자 먹기로 프리랜서 계약을 맺을 수밖에 없었다.

사실 드라마 제작 현장의 문제가 공론화되기 전에도 이 살인적인 근무 일정이 이상하다고 느낀 스태프는 많았다. 하지만 그들도 차츰 당연하다는 듯 현실을 받아들였다. 프리랜서라는 틀 안에서는 노동이 어쩌고 임금이 어쩌고 이야기하기 어려울 만큼 제약이 컸기 때문이었다. "노동부에 신고해야 하는 거 아니에요?"라고 물으면 "노동부에 신고해도 안 된대. 선배들이 이미 다 해봤어"라는 답이 자연스럽게 돌아왔다. 제작사도 "너는 노동자가 아니야"라고 말하며 편법을 동원해 근무시간에 대한 규정을 무시했다. 결국 드라마 스태프들은 100시간을 일하든 120시간을 일하든 자신은 프리랜서라서 당연히 견뎌야 한다고 생각을 굳혀버린 것이다.

그렇다면 드라마 스태프는 프리랜서 계약을 맺었기 때문에 정말로 노동자가 아니라고 볼 수 있을까? 현실을 뜯어보면 절대 그렇지 않다. 노동자와 프리랜서의 차이를 가장 단순하게 설명하자면, 지휘·감독이 있는 사업장에서 임금을 받고 일을 하느냐, 아니면 자영업자처럼 자율적으로 업무를 하고 결과물을 제공하느냐이다. 전자는 노동자이고, 후자는 프리랜서이다. 판례에서 노동자성을 판단하는 기준 역시 임금을 목적으로 하는지, 업무 수행 과정에서 상당한 지휘·감독이 있는지를 주목해서 보고 있다. 그렇다면 드라마 스태프는 어떤 특성에 더 가까울까? 두말할 나위 없이 노동자에 가깝다. 현장 스태프 중에 연출자의 명령에 구속되지 않고 '자율적'으로 업무를 제공할 수 있는 사람은 없다. 더불어 드라마 제작기간에 다른 업무를 겸직할 수도 없을뿐더러, 자영업자와는 다르게 드라마가 성공하든 실패하든 스태프에게 떨어지는 몫은 같다. 누가 보아도 명백한 노동자이다.

한빛센터가 주체로 참여했던 〈드라마 제작환경 개선 TF〉는 드라마 스태프의 노동자성을 이슈로 특별근로감독의 현장 조사를 요구하였고, 그 결과가 2018년 9월에 발표되었다. 고용노동부는 드라마 제작 현장에서 일하는 종사자 대부분을 노동자로 인정하였다. 너무나 합당한 결과임에도 함께 싸워온 모두가 받은 감격을 감출 수 없었다. 불과 반년 전인 3월까지만 하더라도 드라마 제작사를 대표하는 협회 관계자가 '스태프는 노동자로 인정되지 않기 때문에, 오늘의 행태가 법률적으로 문제가 없다'고 당당히 말하곤 했다. 당시와 비교했을 때는 천지개벽할 발표인 것이다. 연이어 방송작가, 방송연기자 등 다양한 종사자들이 노동자임을 인정하는 판결이 나왔다. 돌이켜보면 지난 몇십 년간 노동자로 인정받지 못해온 역사가 비정상이다. 프리랜서라는 허울 좋은 단어에 걸려 곡해되던 사실이 이제라도 겨우 정상으로 돌아왔을 뿐이다.

다만 이번 고용노동부의 판결은 턴키 계약을 맺고 있는 조명감독, 음향감독, 미술감독 등 키스태프의 노동자성을 인정하지 않았다는 점에서 한계가 있다. 키스태프들은 방송국 및 제작사와 갑을 관계에 놓여있기에 '울며 겨자 먹기'로 턴키 계약을 맺을 수밖에 없다. 하지만 턴키 계약을 맺으면 키스태프들이 순식간에 노동자의 신분에서 자신의 팀원을 고용한 사용자로 탈바꿈되고 만다. 예를 들어, 촬영감독과 조명감독은 한 팀처럼 호흡을 맞추고 유사한 노동을 하며 제작에 참여하고 있는데도, 계약 방식 때문에 촬영감독은 노동자로 인정이 되었지만, 조명감독은 인정받지 못했던 것이다. 실제로 키스태프라고 해서 조수들과는 달리 연출자의 명령에서 자유롭거나, 용역의 결과물을 선택적으로 제공할 수 있는 것은 아니다. 턴키 계약이라는 어쩔 수 없는 계약 형태 때문에 조수를 직접 고용했을 뿐인데, 고용노동부는 이들을 노동자가 아닌 사용자로 해석한 것이다. 정당한 노동자성을 인정받지 못한 것도 문제이지만, 이번 결과 발표 이후로 개별 팀원들의 장시간 노동, 낮은 임금 등 근로기준법에 대한 위반 사항이 방송국이 아닌 소속팀 키스태프에게로 향했다. 같은 스태프 중에서도 제작사와 직접 계약을 맺는 촬영팀에서는 키스태프까지도 모두 노동자로 인정받았

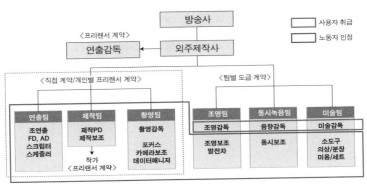

방송사		사용자 취급
		노동자 인정

〈프리랜서 계약〉
연출감독 ← 외주제작사

〈직접 계약/개인별 프리랜서 계약〉　　　　　〈팀별 도급 계약〉

연출팀	제작팀	촬영팀	조명팀	동시녹음팀	미술팀
조연출 FD, AD 스크립터 스케줄러	제작PD 제작보조 ↓ 작가 〈프리랜서 계약〉	촬영감독 포커스 카메라보조 데이터매니저	조명감독 조명보조 발전차	음향감독 동시보조	미술감독 소도구 의상/분장 미용/세트

✕✕ 같은 노동자임에도 노동자성을 인정하지 않는 노동고용부의 판결

는데, 턴키 계약을 맺는 팀들만 키스태프를 사용자로 해석하고 있는 것이다. 같은 감독급이더라도 한 명은 노동자이고, 한 명은 프리랜서인 이상한 상황이 연출되고 있다. 여기서 턴키 계약의 무서움을 다시금 확인하게 된다.

"당신은 노동자가 맞습니다"

방송국과 제작사는 이번 판결을 통해 오히려 안도했을 것이다. 턴키 계약을 맺은 팀에 한해서는 사용자의 책임을 덜 수 있기 때문이다. 이처럼 드라마 스태프에 대한 고용노동부의 노동자성 판단은 100% 완벽하지는 않다. 그러나 첫술에 배부를 수 없듯이, 그동안 프리랜서 취급을 받으며 절벽으로 떠밀리고 있던 많은 노동자들에게 반가운 소식을 전할 수 있다는 점만큼은 다행이고 기쁜 일이다. 아마 드라마 제작을 시작한 이래 가장 중요한 변곡점 가운데 하나가 될 수도 있는 결과다. 이 발표가 하루빨리 현장의 모든 종사자들에게 알려져야 한다. 멋진 드라마를 만들고 있는 모든 사람은 노동을 하고 있는 것이며, 노동법에 의해 보호받을 수 있게 되었다. 그동안 정당한 권리를 부정당하고 있던 사람들에게 이 말을 당당하게 전하고 싶다.

"당신은 노동자가 맞습니다"

#4 너무 위험한 드라마 세상
– '안전'의 사각지대

"정말 소름이 끼쳤다."

"사람보다 자본을 우선시했다."

다른 단어와 문장으로는 당시의 감정을 설명하기 어렵다. 다시 이런 느낌을 받을 일이 있을까 싶기도 하다. 잠시 끔찍했던 그 날을 돌이켜 보자.

tvN 드라마 〈화유기〉에서 한 명의 스태프가 제대로 된 안전장비 없이 세트장 천장의 샹들리에를 설치하다가 낙하해 크게 다치는 사고가 발생했다. 아이러니하게도, CJ ENM이 우리 가족(유가족)과 대책위에게 한빛PD 사망과 관련하여 공식적으로 사과하고, 드라마 제작 구조를 개선하겠다면서 정해놓은 6개월의 점검기한이 다 끝나가던 때였다. 하필 이때 이 사고가 발생했던 것이다.

대책위 활동을 하면서 가졌던 작은 바람은 드라마를 찍는 누군 가가 현장의 구조적 문제 때문에 다치거나 세상을 떠나는 일이 없 었으면 한 것이다. 나와 부모님이 겪은 끔찍한 순간이 또 다른 누군 가의 마음속에 새겨지지 않았으면 했기에, 나는 다시는 보기 싫었 던 CJ ENM의 사과를 받고 재발방지 대책에 합의했었다. 재발방지 대책을 점검하겠다며 약속했던 반년의 세월이 지났을 때, 믿을 수 없는 소식이 또다시 CJ ENM 드라마 현장에서 들려왔던 것이다.

'왜 하필 소름이 끼쳤던 것일까?'

소름이 끼친 이유는 여러 가지였다. 너무 안타까운 소식에 온 몸에 소름이 돋았던 것은 분명했다. 하지만 머릿속에 또 다른 이 유가 맴돌았다.

〈혼술남녀〉 대책위 활동과 CJ ENM의 협상이 이어지던 때, 형의 '죽음'을 두고 사회적 타살을 저지른 사람들과 마주해야만 했다. 그 들과 한 마디 한 마디를 이어가면서도 '나는 무슨 자격으로 이 사 람들과 감히 협상을 벌일 수 있을까?', '우리를 지지했던 수많은 방 송 현장 종사자들을 만족시킬 수 있을까?', '우리의 협의안은 형이 진정으로 바라는 결과물일까?' 수도 없이 고민했다.

그런 고민 끝에 방송국을 믿기로 했다.

실제로 믿었다기보다는, 믿어야만 했다. 우리를 믿고 지지했던 현장의 종사자와 시민들에게 희망을 주고 싶었다. 이들이 우리에게 힘을 보태주었던 이유는 누구보다도 간절히 현장의 변화를 바랐기 때문이다. 현장의 모든 종사자가 그동안 받아온 아픔과 상처가 여전했지만, 서로가 뭉쳐서 장벽을 무너뜨리고 새로운 변화를 만들어냈음을 보이고 싶었다. 이를 통해 더 아름다운 드라마가 제작될 수 있으리라 믿었다. 협상의 중압감을 기대로 바꾸기 위해서는 분명한 결과물이 필요했고, 결국 방송국을 신뢰해야만 했다. 그리고 방송국의 관리자 역시 같은 공간을 살아가는 사람이기에, 인간으로서 마지막 양심이 있으리라 생각했다.

그렇게 CJ ENM이라는 거대한 대기업과 협상을 했다. 하지만 나에게 사과를 하고 내 손을 잡았던 사람들은 또 다른 가족을 끔찍한 기억으로 몰아넣었다. 이들의 약속은 종이 한 장일 뿐이었고, 우리를 지지했던 현장의 종사자들은 여전히 지옥 같은 공간을 버텨내야만 했다. '내가 지치고 두려워서 수많은 사람의 지지를 통해 얻어낸 싸움을 일찍 종결한 것일지도 모른다', '나는 그들에게 경각심은커녕 면죄부를 준 것일지도 모른다'는 생각에 휩싸였다. 사고 소식을 들은 당일, 온전히 깨어있을 수 없었던 기억이 피부에 남아 아직까지 잊히지 않고 있다.

드라마 〈화유기〉뿐만 아니라, 〈킹덤〉, 〈서른이지만 열일곱입니다〉, 〈아스달 연대기〉 현장에서도 안타까운 소식이 들려왔다. 사고가 발생한 원인은 각기 달랐지만, 확실한 것은 드라마 현장이 아직도 결코 안전하지 않다는 것이다. 오늘도 현장의 종사자는 각종 사고 위협 속에서 불안하게 촬영을 이어가고 있다. 세트장은 아직도 환경이 제대로 갖추어져 있지 않고, 안전 장비가 미비하다. 혹서·혹한기를 대비한 드라마 촬영 매뉴얼은 부재하며, 안전 불감증으로 볼 수밖에 없는 무리한 촬영은 지금도 강행되고 있다. 다음 몇 가지 이야기를 통해 드라마 현장의 안전 문제를 돌아보고자 한다. 카메라 뒤의 안전한 일터를 위해 꼭 읽고 넘어갔으면 한다.

"차량 신이 정말 싫어요"

배우가 자동차를 타고 현란하게 질주한다. 드라마 속에서 너무나 익숙하게 볼 수 있는 모습이다. 시청자들은 대체 자동차 신scene은 어떻게 찍는 것인지 궁금해한다. 현장의 스태프는 '어떻게' 찍는지에 대해 아주 단호하게 이야기한다. "죽을 각오를 하고 찍는다"고.

> "세상에서 제일 싫은 것을 꼽으라면 렉카에요. 자동차 신을 찍으려면 렉카에 올라타야 하거든요. 지난겨울에 차량 신을 찍을 일이 있었는데, 그날 날씨가 영하 15도였어요. 찍어야 하니까 렉카에 오르긴 했는데, 그날 결국 ○○고속도로 처음부터 끝까지 달렸거든요. 장갑을 껴도 소용없었어요. 거짓말이 아니라, 정말 손가락을 잘라버리고 싶었죠."

드라마 좀 찍는다는 해외 국가 중에서도 차량 신을 찍기 위해 렉카를 동원하는 나라는 사실상 없다고 한다. 간혹 동유럽 쪽에서 렉카를 활용해 차량 신을 찍는다고는 하지만, 여기서도 사람이 직접 렉카에 오르지는 않고, 만일 오르더라도 안전장비 세팅을 위해 2시간을 투입한다. 안전이 보장되지 않은 채 촬영을 강행하면, 스태프 측에서 당연히 거부하는 문화가 그 나라들에는 자리잡고 있다. 할리우드를 비롯한 미국에서 촬영되는 드라마의 경우, 차량 신을 많이 찍는 편이지만 전부 세트에서 진행하거나 CG로 처리한다. 안전을 위한 의무사항을 준수하기 때문이다. 캐나다 온타리오주의 경우, 한발 더 나아가서 〈카메라 자동차, 프로세스 트레일러 그리고 견인차에 대한 산업안전 가이드라인〉을 마련해 작은 위험이라도 예방하기 위한 안전 조치를 지방정부 차원에서 규범화하고 있다. 한국도 영화 산업에서는 렉카 동원이 많이 줄어들고 있다. 하지만 드라마 현장에서는 아직도 렉카가 떡하니 자리를 지키고 있다.

✖✖ 차량 신에 사용되는 렉카(©한여정)

안전에 대한 기본적인 대비책이 마련되어 있지 않다 보니, 스태프들은 정말 말도 안 되는 위험에 노출된다. 한 촬영 현장 이야기이다. 한 조명 스태프가 차량 신을 찍기 위해 렉카 위에서 조명기구에 의지하며 촬영하고 있었다. 그런데 촬영하던 배우가 실수로 차량의 사이드 브레이크를 고정하지 않고 내려버렸다. 평지에서는 어떤 문제도 알 수 없었기 때문에 촬영이 그대로 이어졌는데, 렉카가 차량을 따라 언덕에 올라가는 순간 사고가 발생했다. 차량이 스태프 쪽으로 미끄러져 내려온 것이다. 스태프가 조명기구를 놓게 되면 낙하할 위험이 있었고, 더구나 렉카 바닥에 발을 움직일 공간이 없어 옴짝달싹 못하고 있었다. 결국 자동차 바퀴가 스태프의 발을 쓸어내리며 언덕 아래로 미끄러져 내려갔고 움직이지 못한 채 온몸으로 차를 받아낸 스태프는 곧장 응급실로 실려 갔다.

최근에 무술팀이 안전장비도 없이 아파트 십여 층 높이까지 올라가서 촬영해야 했다는 제보를 받았다. 그 현장을 불안하게 바라보던 한 스태프가 한빛센터에 제보한 것이다. 그 높이에 올라갔던 당사자들은 얼마나 끔찍했을지 상상도 못할 정도다.

비일비재하게 발생하는 사건·사고에도 불구하고 현장의 안전의식은 높아지지 않고 있다. 거대한 기구를 들고 장시간 노동하며 위험천만하게 졸음과 싸우는 경우가 아직도 허다하다.

"그래도 나보다 기구가 더 비싼 놈이니까, 사고가 벌어지면 나는 다쳐도 절대 기구는 놓치면 안 돼요."

이런 자조 가득한 우스갯소리까지 회자되는 것이 오늘의 현장이다.

"다치고 싶어서 다친 것도 아닌데"

> "사고가 크게 났어요. 근데 이게 우리 팀의 잘못이라는 거죠. 누구한테 제대로 청구조차 못 했어요."

현장 구조물 문제로 살이 찢어졌던 한 스태프는 응급실에서 살을 꿰맨 뒤 바로 다시 현장으로 나왔다. 스태프가 다친다고 누가 신경 쓰는 것도 아니고, 그저 '대타를 구해보자'라는 이야기만 나왔다. 그러니 스태프는 '다치고 싶어서 다친 것도 아닌데'라는 말이 절로 나왔다고 한다. 급박하게 돌아가는 현장에서 사람은 도구 이상도, 이하도 아니다. 부상으로 인해 업무 수행 능력을 상실하면 소모품처럼 대체될 뿐이다. 다른 스태프에게 피해가 될까 봐 고통을 참으며 일을 지속하는 경우도 다반사다. 드라마 현장은 업무의 특성상 다칠 위험이 매우 높은 곳이다. 무겁고 크기가 큰 도구가 많아 다칠 수 있고, 전기를 쓰는 조명도 다뤄야 하므로 화상 위험도 크다. 그러다 보니 다치는 사람은 많지만 다쳤다고 쉽게 말할 수도 없는 상황이 지속된다. 이들은 안전을 뒤로한 채 그저 방송만 내보내야 하는 것이다.

게다가 다쳤다는 말을 꺼내더라도 문제가 해결되는 것은 아니다.

도급 계약, 턴키 계약, 프리랜서 계약이 난무하는 현장에서 노동자들이 4대보험에 정상적으로 가입되기란 하늘의 별 따기다. 산재보험 등의 안전을 보장해주는 제도 역시 부실하다. 귀에 걸면 귀걸이, 코에 걸면 코걸이 같은 애매한 제도는 방송국과 제작사가 편법을 써서 안전 대책을 무시하게 만드는 결과로 이어지고 있다. 결국 촬영 중 당한 부상은 끝내 개인의 책임으로만 돌아간다. 그 결과 가장 말단의 스태프는 다칠 수도 없고, 다쳐서도 안 되는 안전의 사각지대에 몰려 있다. 지금 이 순간까지도 그저 사고가 나지 않기만을 기도하는 방법뿐이다.

"빨리 끝내고 집에 가고 싶다"

장시간 노동 문제는 여러 층위로 촬영장의 안전을 위협하고 있다. 20시간 노동이 며칠간 이어지면, 스태프들은 모두가 디졸브 상태가 되기 때문에 머릿속에 '빨리 끝내자'는 생각밖에 남지 않는다. 안전에 대해 신경 쓰고 조치하려고 하면, 촬영종료 시각이 더욱 지체되고 귀가할 수 없어지고 만다. 그러다 보니 위험한 장비로 촬영을 하거나 높은 곳에 올라가더라도, 다칠 수 있다는 생각 자체를 아예 하지 않게 된다. '무섭기보다는 빨리하고 집에 가고 싶다'는 생각만 하면서 촬영에 임하게 만드는 곳이 지금의 현장이다.

> "새벽 네 시까지 찍고, 일곱 시까지 ○○으로 넘어가야 했어요. 우리 팀은 운전기사 없는 팀이거든요. 아무리 새벽이라도 △△에

서 ○○까지 족히 두 시간은 걸리는데. 결국 졸음운전으로 사고가 크게 났어요."

- 기술팀 D -

졸음운전 같은 끔찍한 위협 역시 현장 내 사고 및 살인적인 노동시간과 더불어 스태프들을 따라다니고 있다. 촬영 현장이 전국에 흩어져 있는 드라마 현장의 특성상, 스태프들은 직접 차를 몰고 촬영장으로 이동한다. 장시간의 노동과 새벽 이동으로, 깜빡 졸다가 다른 길로 가버렸다는 에피소드는 기본값이 되었다. 국회토론회에서 언급된 한 스태프의 제보가 잊히지 않는다. 졸음운전으로 사고를 내면 본인만 억울하게 피해를 보기 때문에, 한겨울에도 창문을 다 내리고 달려야만 하는 세계가 아직도 이 나라에 남아 있다.

"업무 지시가 아니라 고지입니다"

다시 드라마 〈화유기〉의 이야기이다. 〈화유기〉 낙하사고는 사고에 무방비한 세트장 상태, 살인적으로 긴 노동시간 그리고 계약 내용에 없는 무리한 작업 요구 등에서 비롯되었다.

"사람이 밟아 무너질 정도면 안전한 것은 아니다."

세트장을 안전하게 지었다는 제작사의 주장에 대한 근로감독 관계자의 입장은 단호했다. 전문가가 아니라 일반인 누구라도 현장을 보았다면 비슷한 생각을 했을 것이다. 세트장 곳곳에는 목재, 합판 심지어 전선까지도 무질서하게 널브러져 있었다. 내부의 이동 통로는 매우 복잡하고 협소했으며, 어두워서 비상구조차 확인하기 어려웠다. 페인트, 목재 같은 인화물질까지 가득했기 때문에 화재 사고가 발생하지 않은 것을 다행으로 여길 정도였다.

인건비를 아끼기 위해 사람을 계속해서 줄이다 보니, 세트장에서 발생할 수 있는 변수를 누구도 통제하지 못했다. 분량을 뽑아내는 데에만 급급하고, 안전 예방 교육이나 안전 조치 의무는 전혀 이행되지 않았다. 장시간의 노동으로 인해 현장의 누구도 온전히 업무를 수행할 수 없었다.

"샹들리에 설치를 '지시'한 것이 아니라 '고지'했을 뿐."

사고에 대한 관리자의 대답을 듣고 헛웃음이 나왔다. 과연 현장의 스태프 중에 드라마 배경을 위해 세트장에 무언가를 설치하라고 '고지'받았을 때, 위험할 수 있다며 단호히 거절할 수 있는 사람이 있을까? '까라면 까야' 하는 도제식, 피라미드식 드라마 제작 구조에서 샹들리에가 필요하다는 얘기를 들은 스태프들은 '고지'한 시간까지 반드시 그것을 설치해야만 한다. 누가 보아도 지시와 그에 따르는 책임이 분명한 구조이다. 그런데도 〈화유기〉 세트장과 관련된 모든 관리자는 이 책임을 회피하기 바빴다. 방송국도, 제작사도, 세트장 제작사와 미술회사도. 오늘의 드라마 현장은 사람이 다쳐도 누구도 책임질 필요가 없는 공간이었다. 안전을 중시하는 태도는 돈이 되지 않는다며 어느새 뒤편으로 밀려나 있었다.

심지어 사고 후에도 현장의 안전대책이 마련되지 않았다. 무너져 내린 세트장 천장 정도만 보수했을 뿐, 다른 천장은 아직도 위태위태하게 그대로 방치돼 있었다. 세트장 구조를 보강하기는커녕 위험해 보이는 부분을 대강 땜질하여 촬영을 이어갔던 것이다. 정말로 관리자들에게는 누군가가 다쳤다는 사실보다 방송을 내보내는 것이 훨씬 더 중요했나 보다.

〈화유기〉 사건을 처리했던 2018년 1월은 형을 마주하기 가장 어려웠던 시기였다. 심지어 1월 24일은 한빛PD의 생일로 한빛미디어 노동인권센터의 공식적 출범을 알리기 위해 준비하고 있던 때였다. 〈화유기〉 사건을 통해 정말 많은 것을 확인했다. 방송국과 제작사는 여전히 사람보다는 자본을 우선시하고 있었다. 또한 이 조사를 계기로 CJ ENM뿐만 아니라 드라마 세트장 전반에 문제가 있다는 사실이 드러났다. 반년 동안 드라마 현장이 조금이라도 나아졌을 것이라는 순진한 기대를 빠르게 버릴 수 있었다.

〈혼술남녀〉 대책위 활동을 함께했던 사람들을 비롯한 많은 사람이 〈드라마 제작환경 개선 TF〉로 다시 모이게 되었다. 제보센터를 재개하여 현장의 소리를 들었고, 현장에 특별근로감독을 파견하여 정부 차원의 대응을 촉구했다. 고용노동부는 특별근로감독 결과를 발표하면서 드라마 스태프 중 상당수를 노동자로 인정하는 결정을 내렸다. 안전에 대한 가이드라인도 다방면으로 구성되고 있다.

〈화유기〉 사건은 참담하면서도 소름이 끼치는 기억이었다. 하지만 나 스스로 다시 각성하게 되는 계기였다. 함께 싸우고 있는 다른 사람들도 마찬가지였을 것이다. 큰 실망은 있었지만, 이후에는 분명 똑같은 실망을 하지는 않았다. 드라마 산업 구조라는 거대한 모순을 바꿔내기 위한 어려운 싸움을 서로가 잘 해내고 있다. 이들의 노력이 작은 변화를 만들고 있다고 생각한다. 적어도 2018년 1월보다는 지금이 더 안전한 현장이 되었으리라 확신한다. 앞으로도 계속 나아질 것이다. 내일의 드라마 현장은 자본만큼 사람도 소중히 여기는 공간이었으면 한다.

#5 누아르 장르의 드라마 세상
- '폭력'의 카르텔

"막내! 네가 아티스트냐? 같이 밥을 먹게?"

"어떤 계집애가 싹수없이 팀장님 말꼬리를 잡니."

"스태프 OO, 걔가 쉬는 시간에 침대에서 잤다더라. 걔 미쳤냐?"

"내가 밤을 새우면 너도 새워야 해."

"야, 너 이 판에서 소문 다 났어. 이 판에 발 못 붙이게 해줄게."

온라인 커뮤니티 겸 소통 플랫폼인 카카오톡 '오픈카톡'에 '방송계 갑질119'라는 방이 개설되었다. 방송업계에서 발생하는 갑질 문제를 익명으로 토로하기 위한 목적으로 개설되었는데, 나 역시 현장의 목소리를 다양하게 듣고 싶어 이 대화에 참여했다. '방송계갑질119'에 대한 방송노동자들의 반응은 가히 폭발적이었다. 개설된 지 얼마 지나지 않아 최대정원 1,000명을 채웠다. 1시간이라도 스마트폰을 놓고 있으면 채팅창이 '999+'로 가득 채워졌다. 이러한 열기는 '방송스태프노조'의 창립으로 이어지기까지 했다. 방송업계의 갑질 문제에 대한 분노가 터지기 직전까지 쌓여있었던 것이다.

"군대에 다시 돌아온 느낌이에요."

한빛PD가 생전에 한 스태프에게 꺼낸 이야기였다. 대체 현장이 얼마나 지독하면 군대에 비교했을까. 형이 세상을 떠나고, 형의 죽음에 대한 진상규명을 위해 형의 핸드폰 기록을 열어보았다. 연출부 카톡방에 난무하던 욕설은 빙산의 일각이었다. 형의 핸드폰에는 형과 연출부 선임의 대화가 녹음파일로 남아있었는데, 연출부 선임은 "이 판에 발 못 붙이게 한다"는 말로 형을 협박하고 모욕적인 내용으로 점철된 고성을 무려 한 시간이나 내지르고 있었다. 고개를 푹 숙이고 '죄송하다'는 말만 수십 번 반복하며 그저 버텨야 했던 형의 모습이 눈에 선하게 그려졌다. 두 번 반복해서 듣고 나니 다시 들을 용기가 나지 않았다. 폭력적인 단어 하나하나가 너무나 또렷해서 머릿속에서 지울 수가 없었다.

"드라마판의 폭력적인 문화를 그대로 경험하고 있다 보니, 여러 모로 고민이 정말 많았어요. 그런데 동료 한 명이 이런 말을 하더 군요. 여기서 일 안 할 거야? 그냥 방관자로 살면 되는 거야. 너무 예민하게 받아들이지 마."

드라마 현장의 살인적인 노동 강도는 현장의 사람들이 거칠고 과격한 태도를 습관화하게 했다. 이러한 상황에 도제 문화까지 결합되면서 매우 공고한 군대식 조직 문화가 정착되었다. 권위적인 군대식 조직 문화에서 '슈퍼 을'에게 일상적으로 가해지는 인권침해는 당연한 일로 여겨진다. 이 폭력을 견디지 못하는 사람은 나약한 사회부적응자 취급을 받는다. 오히려 똑같이 위악적으로 행동하고 또 다른 '을'에게 욕설을 능숙하게 할 경우, 능력 있는 사람으로 여겨지기도 한다. '그냥 원래 다 그런 거야'라는 합리화와 폭력에 대해 무뎌진 감수성을 그냥 내버려 두는 분위기는 드라마 제작 현장에서 도덕적 해이가 만연해지게 했다.

✕✕ 폭력이 난무하는 드라마 현장(ⓒ한여정)

"우리는 그저 도구예요."

시대가 바뀌었는지 군대에서도 이제는 원초적인 욕설은 거의 하지 않는다고 한다. 그런데 아직도 드라마 현장은 변하지 않고 있다. 한빛PD 사건 이후 자성의 목소리가 나오면서 현장의 문화가 조금씩 바뀌고 있는데도, 아직도 노골적인 욕설이 난무하는 현장이 많다는 제보가 들어왔다. 한 종사자는 "현장에만 오면 지금이 2018년인지 쌍팔년도인지 모르겠다"고 말했다. 욕설은 그저 표면에 드러난 문제일 뿐이다. 피라미드 꼭대기에 있는 메인PD로부터 시작해 층층이 내려갈 때마다 심해지는 모욕과 갑질은, 어느 때부터인가 드라마 현장의 일상이 되었다. 제작자들의 마인드도 문제다. 힘들어하는 사람이 있으면 그저 '쓰고 버리면 그만'이라는 태도로 대할 뿐이다. 스태프들을 대하는 관리자의 인식도 심각한 수준이다. "연예인 구경도 할 수 있는 좋은 일 하는 주제에"라는 말을 서슴없이 내뱉는다. 관리자들에게 있어서, 함께 일하는 스태프는 노동자도, 동료도 아니다. 제 발로 찾아온, 그래서 마음껏 부려먹어도 되는 부속품일 뿐이다. 현장의 '슈퍼 을'은 어쩌면 도구보다도 못한 취급을 받는다.

심지어 '막내를 훈련하는 방법' 같은 것도 있다. 예를 들어, 어떤 물건을 옮겨야 할 때, 함께 옮길 수 있음에도 무조건 막내만 들게 하는 암묵적 규칙이 있다. 한빛PD의 기록을 보면 그가 혼자 버스의 짐을 옮기는 동안 선임PD들은 옆에서 그저 지켜보며 대화를 나누고 있었다고 한다. 아마 이 경우도 형을 '슈퍼 을'로 단련시키기 위한 과정이 아니었을까 추측해본다. 조금이라도 지위가 높을 경우 "내가 밤을 새우면 너도 새워야 한다"며 업무가 없어도 하급자를 대기시키거나 전혀 관련 없는 업무를 부여하기도 한다. 다쳐서 입원하면 '쉬고 싶어서 꾀병 부린다'는 비난을 들어야 한다. 드라마 현장에서 발생하는 횡포를 다 열거하면 아마 책 한 권이 나올지도 모른다. 드라마 속의 아름다운 장면과 대사는 카메라 뒤의 폭력과 갑질을 통해 만들어지고 있었던 것이다.

하지만 을의 반란이나 저항 따위는 꿈조차 꿀 수 없다.

> "이 바닥이 되게 좁거든요. 오늘 아침에 일어난 일을 저녁에 다른 사람들이 다 알아요. 제가 만약에 항의하잖아요? 그러면 바로 저한테 전화가 올 거예요. '야, 네가 거기서 싸우고 나왔다며.' 그런 것들이 무서운 거죠. 한 번 찍히면 끝나는. '누구누구는 다루기도 까다롭대', 그러면서 며칠 지나면 모든 감독이 다 알게 되는 거예요. 그 (찍힌) 사람은 조금씩 배제하게 되는 거죠."

인맥과 도제식으로 운영되는 드라마판에서 한 번 찍히면 업계에서 살아남기가 불가능하다. "내가 OOPD 다 아는데, 너 다음에 또 이 일 할 수 있을 것 같으냐?"라는 말을 듣게 되면 그 말이 사실인지 아닌지 생각할 겨를도 없이 엄청난 심리적 압박을 받게 된다. 그렇게 모두가 입을 닫아왔다. 한빛PD 사건 당시 현장의 지지가 엄청났던 이유는 모두가 침묵해야 했던 드라마 현장에 드디어 한 줄기의 물꼬가 트였기 때문이었다. 하지만 여전히 현장에서 저항하는 것은 불가능하고, 누구도 그렇게 하지 못하고 있다.

그나마 이제는 한빛센터가 '미디어신문고'를 운영하고 있기에 제보를 통해 저항을 기획할 수 있다. 하지만 이마저도 현장의 모두가 손쉽게 이용할 수 있는 창구가 되고 있지는 못하다. 한 드라마 현장에서 과도하게 긴 노동시간에 대해 한빛센터에 제보했고, 이에 센터가 대응했는데, 제작사 관계자가 제보자를 색출하고 다닌 사례가 있었다. 지금도 현장에서 관리자들이 "마음에 안 들면 한빛센터에 제보해보지 그래?"라고 비꼬며 시비를 거는 경우가 많다고 한다. 드라마 제작 현장의 구성원이라고 해봐야 100명 남짓이다. 제보했다가 자칫 너무나 쉽게 색출 당할 수도 있다. 실제로 센터에 제보한다면 자신의 신분이 노출될 위험이 크고, 제보하지 않는다고 해도 제보 가능성을 빌미로 관리자들의 협박과 시비에 시달리다 보니 더더욱 스트레스를 받게 된다. 결국 피해자들 상당수는 '몇 주만 버티면 제작이 끝날 것'이라고 자신을 위안하며 묵묵히 버티고 마는 것이다.

"바쁜 하루 끝에 마시는 술 한 잔. 나 혼자만의 시간은 오늘 하루도 수고한 나에게 주는 선물이며, '내일도 힘내!'라는 응원이기도 하다."

tvN드라마 〈혼술남녀〉(연출: 최규식, 정형진/극본: 명수현, 백선우, 최보림)의 대사이다. 드라마의 마지막 컷에 시청자를 향해 담긴 위로의 대사는 〈혼술남녀〉가 많은 사람에게 사랑받았던 이유이기도 했다. 그렇게 매회 사람들을 존중하고 위로하던 드라마는, 사실 누구도 존중하지 않는 현장에서 만들어지고 있다. 비단 〈혼술남녀〉의 경우뿐만이 아니다. 시청자는 언제까지 현장과 괴리감을 느껴야 하는 걸까. 단 한 주라도 한빛센터에 제보가 들어오지 않았으면 좋겠다. 드라마가 감동과 아름다움을 우리에게 안겨 준다면, 그걸 만드는 사람도 함께 감동하고 아름다운 세상을 꿈꿀 수 있어야 한다. 하지만 지금 이대로라면 만드는 사람도 상처받고 떠날 것이며, 시청자도 매일 같이 괴리감을 느끼는 소식을 접해야만 한다. 너무나 당연한 이야기지만 반복해서 말하고 싶다. 카메라 뒤의 사람들에겐 존중이 필요하다. 그들은 도구가 아니다. 그들은 자신이 만드는 드라마처럼 아름답고, 위로받을 자격이 있는 사람들이다. 드라마업계의 모두가 꼭 기억했으면 좋겠다.

카메라 뒤에 '사람'이 있다.

#6 절대복종을 강요하는 '도제 문화'

2019년, 새해 벽두부터 체육계의 성폭력 사건이 온 사회의 쟁점이 되었다. 2018년 미투 운동의 흐름 속에서 폭로된 공간 중에 상당수가 예술과 공연, 연예계와 미디어업계였다. 몇 년 전, 유명한 의상 디자이너가 팀원 및 아르바이트 노동자에게 가한 폭력과 착취 문제로 사회적으로 손가락질을 받은 적이 있었다. 지금까지 언급된 업계들의 공통점은 시스템이 점진적으로 개선되지 못하고 상처가 곪을 대로 곪아 종국에 와서야 터졌다는 사실이다. 또한 '도제 문화'가 너무 익숙한 업계라는 점이다.

폭력에 대한 침묵은 권력관계 때문인 경우가 많다. 폭력이 당연시되었던 데에는 여러 가지 이유가 있었겠지만, 권력관계를 강화하는 '도제 문화'를 절대 빼놓을 수 없다. 국가대표를 이어가기 위해서는 유명 공연 기획자에게 찍히지 말아야만 살아남을 수 있으므로, 데뷔하기 위해서는 유명 디자이너 밑에 있었다는 사실을 증명해야만 하므로, 도제 문화는 용인되었고 각종 폭력을 양산하였다. 드라마업계 역시 마찬가지였다. 정식으로 업무를 교육해주는 기관 따위는 없다. 오로지 누군가의 밑에 들어가서 배워야만 살아남을 수 있다. 이 판은 한국 사회에서 도제 문화가 가장 팽배한 곳 중 하나이다. 앞선 절에서는 드라마업계의 폭력 문제를 보았다. 드라마업계의 폭력 문화와 도제 문화는 분리될 수 없다. 오히려 폭력의 원인을 명확히 밝혀내는 차원에서라도, 도제 문화라는 돋보기를 통해 드라마 현장을 바라볼 필요가 있다.

○
●

나의 고등학생 시절을 불타오르게 만든 영화는 단연코 〈타짜〉였다. 허술했던 촌 동네 영화관은 검사도 제대로 하지 않고 청소년 관람불가 티켓을 고등학생에게 끊어주었기 때문에, 너도, 나도 영화를 볼 수 있었다. 쉬는 시간 교실은 온통 '밑장빼기'판으로 도배되었고, 나 역시 남들처럼 〈타짜〉에 감명받아 20장의 화투패를 온종일 손에서 놓지 못하였다.

영화의 스토리라인은 주인공(고니)과 스승(평경장)의 도제식 관계망에서 출발한다. 내용을 거칠게 요약하자면, 도박판에서 평생 밑바닥을 전전하던 사람이, 스승 하나 잘 만나서 결국 지존의 위치에 오른다. 허구를 왈가왈부하는 것이야말로 어떤 면에서는 참 쓸데없지만, 주인공의 인생역전 스토리가 단지 '스승 하나 잘 만나서'

라고 생각하니, 참 불공평하고 우연적이라는 인상을 깊게 받았던 것 같다. 선생님에 대한 불신이 많았던 시기였던지라, 도제 문화를 더욱더 기이하게 느꼈을지도 모른다. 그리 불성실하지도, 반항적인 축에 속하지도 않았는데, 여느 학생처럼 학교에서 선생님들에게 불합리한 대우를 받고 인격모독을 당했던 때가 무수히 많았다. 만약에 당시 나에게 교사를 한 명 선택해서 도제식으로 학습하라고 했다면, 공부고 뭐고 때려치우고 도피했을 것이다.

물론 훌륭한 스승이 도제 교육을 한다면 제자에게도 큰 도움이 될 수 있다. 다만 사회 전반이 일정한 시스템에 의해 운영되는 것이 아니라, 권력이 집중된 개인에게만 의존하고 있다면, 과연 정상적이라고 말할 수 있을까? 구조와 문화를 재생산하던 스승이 알고 보니 악인이었다거나 형편없는 사람이었다면, 해당 집단에서는 무수히 많은 피해자가 양산되는 동시에 집단이 곧장 붕괴되고 말았을 것이다. 굳이 실명을 언급하지 않더라도, 미투 운동의 과정에서 예술계나 패션계의 도제 문화 피해자가 속출한 것만으로도 확인할 수 있다. 하물며 뛰어난 스승이 이끄는 도제 문화도 대개 그 '인물' 말고는, 남는 것도 전수되는 것도 없는 경우가 일반적이다.

'본래 '도제'란 스승 밑에서 일하는 직공들을 일컫는 말로, 과거 만화업계의 '문하생'이 연상된다면 이해하기 쉽다. 드라마를 전문적으로 제작한 지 수십 년이 지났지만, 여전히 드라마 제작과 관련된 기술은 사람에서 사람으로 전수될 뿐, 기관을 통해 체계적으로 교육받을 수 없다. 드라마 제작의 꿈을 꾸고 현장에서 일하기 위해서는 이미 자리 잡고 있는 감독급 스태프 밑으로 들어가 현장에서 배우는 방법밖에 없는 것이다. 물론 도제 시스템은 장단점이 있다. 다만 도제 시스템과 드라마 현장의 궁합만큼은 좋지 못하다. 혹자는 차라리 드라마판에 제대로 된 도제식 교육이라도 있었으면 좋았겠다고 한탄한다. 우리의 현장에서는 절대복종을 강요하는 도제 문화만 있을 뿐이고, 결단코 '배움'이 이루어지지 않기 때문에 문제가 되고 있다.

도제 문화 때문에 발생하는 주요 문제는 위계의 공고화이다. 도제식 현장에서 스승 격이라고 할 수 있는 메인PD는 무소불위의 권력을 가지게 된다. 빠듯한 일정에 맞추어 드라마를 만들기 위해 모든 권력 자체가 메인PD에게 집중돼 있는 데다가, 메인PD의 지시와 명령에 복종해야 하는 계약관계까지 존재하기 때문이다. 심지어 이러한 위계는 군대식 기수 문화까지 양산한다. 메인PD와 스태프 사이에 갑을 관계가 형성되는 것뿐만이 아니라, 드라마 현장 전체가 메인PD를 우두머리로 두는 하나의 군사조직처럼 돌아가기까지 한다. 예를 들면, 미술팀의 스태프는 미술감독의 지시만 잘 따르고 미술팀 일만 원활하게 수행하는 것으로는 부족하다. 연출팀 등 다른 팀의 선임이 "내가 너보다 기수 높아", "내가 너보다 먼저 들어왔어"라는 말로 위계를 형성하면서 불필요한 업무 지시를 내리기도 한다. 막내들에게는 쓰레기통을 비우거나 연출부 메인급들의 커피를 준비하는 업무가 너무 자연스럽게 부여된다. 한국 특유의 군대식 조직 문화가 드라마 현장의 도제 문화와 부정하게 결합해서 연출부와 스태프, 스태프와 스태프 사이에도 군대식 기수 문화를 고착시키고 있는 것이다. 가뜩이나 업무 체계가 없는데, 너나 할 것 없이 선임 짓거리를 하니 스태프들의 스트레스와 업무 과중 정도가 심해지고 만다. 결과적으로 이러한 위계는 사람에 대한 존중 없이 오로지 밑으로 깎아내리는 방식으로 업무를 처리하는 문화를 만든다.

"친분으로 다들 얽혀있다 보니 어쩔 수 없는 지점이 있어요. '네가 어떻게 일하는지 이 바닥에 다 소문났다' 이런 이야기가 너무나 흔하죠."

"밑에 있는 친구들이 치고 올라가는 것이 가능하다면, 지금의 잘못된 문화는 개선될 수 있어요. 하지만 그럴 수가 없죠. 도제 시스템이 유지되는 한 오늘의 문제는 개인이 아무리 노력해도 해결할 수 없을 거에요."

드라마업계 자체가 워낙 좁은 데다가 도제식, 군대식 문화가 공고하다 보니, 지금의 구조를 개선할 가능성조차 차단된다. 도제 시스템에서 도제가 스승에게 저항한다? 그건 그냥 이 업계를 떠나겠다는 선언과 마찬가지이다. 결국 폐쇄적인 위계는 강화되고, 사람을 존중하지 않는 문화는 개선의 여지를 잃게 된다.

"그냥 FD는 연출과 좀 더 관련된 일을 맡고 있고, AD는 잡무를 맡는다고 보면 되는데, 음, 그냥 다 막내라고 하더라고요."

도제 문화는 폭력성이 가장 큰 문제이지만, 드라마 제작 시스템이 낙후되는 데에도 영향을 끼치고 있다. 연출이건 조명이건, 동시녹음이건 미술이건 간에 드라마 제작에 필요한 어떤 기술도 교육해주는 학교가 없다. 지금까지 존재한 모든 종사자는 기관에서 양성된 것이 아니라, 기존 스태프 아래로 들어가 보고 듣는 것만으로 기술을 익혔다. 그런데 스승인 사람들도 딱히 정식으로 기술을 배운 적이 없기 때문에 후임 교육에도 어려움을 겪는다. 귀동냥으로 어렴풋이 보고 듣는 방식만으로 교육을 받으며, 스승은 조수들이 일을 똑바로 처리하지 못하면 무작정 호통을 치는 과정만 반복한다. 일제 강점기에 깡패들 사이에서나 있을 법한 상황이 반복되면서, 드라마업계 내 체계적인 업무 및 교육 시스템을 갖출 기회를 계속 놓치고 있다.

성공한 드라마PD 일곱 명을 인터뷰한 책에서, 한 PD는 자신이 참여했던 제작 현장의 연출팀에는 안타깝게도 정확한 역할이 없었다고 밝혔다. 한 명의 시청자 입장에서 참 어이가 없었다. 전 세계에서 팔린다는 한국의 드라마인데, 막상 그 제작 실상의 내부로 들어가니 2019년이 되기까지 역할 하나 정리하지 못하고 돌아가고 있다는 것이 쉽사리 이해되지 않았다. 조연출 역할만의 문제가 아니다. FD, AD는 엄연히 명확한 이름이 있는 보직인데도 불구하고, 현장에서 일하는 스태프마다 역할이 모두 달랐다.

그렇다 보니 드라마 현장에서 체계적인 업무 분담을 기대하기란 매우 어렵다. 좋은 드라마 제작이 무엇인지 배운 적이 없는 메인PD 개인에 의해 업무가 분담되고 제작이 진행되는, 도제 문화 그 자체라고 보면 된다. 뚜렷하지 않은 역할 분담은 업무의 비효율을 극대화한다. 특히 '쪽대본'으로 대표되는 오늘날의 드라마 제작 구조에서, 이런 시스템은 말단의 스태프에게 일감이 과하게 쏟아지는 결과를 초래한다. 여기에 메인PD의 역량과 인성에 문제가 있으면, 상황은 더욱 심각해진다. 한빛PD가 드라마 〈혼술남녀〉 조연출을 하면서 담당했던 업무는 의상, 소품, 식사 등의 촬영 준비를 비롯해 데이터 딜리버리, 촬영장 정리, 영수증 수합 및 정산, 편집까지 어마어마했다. 〈혼술남녀〉 제작진의 체계는 붕괴되어 있었고, 결국 말단의 조연출이 백방으로 뛰어다니며 문제를 해결해야만 했다. 이처럼 오늘의 드라마 제작 현장은 시스템에 의해서 분업을 하는 구조가 아닌, 메인PD로부터 도제식으로 업무가 전수되는 구조다. 만약 메인PD가 제 역할을 하지 못하거나 변수가 발생해 체계가 무너지면, 팀 내의 힘없는 많은 사람이 그 난장판 속에서 발생한 모든 구멍을 메꾸기 위해 살인적인 노동을 감당해야만 하는 것이다.

아마 드라마 세계가 전복되지 않는 이상 앞으로도 한참 동안 현재의 시스템이 유지될 것이다. 능력을 제대로 키울 수 있는 체계는 부재하고, 오로지 윗사람에게 잘 보이며 버티는 사람만 위로 올라갈 수 있는 오늘의 폐쇄적인 시스템 속에서 변화는 요원하기만 하다. 안타깝게도 외부자인 내가 도제 문화 문제를 지적하는 데는 한계가 크다. 노동시간, 임금의 문제는 제도를 통해 개선하고, 폭력 사건은 제보를 통해 대응할 수 있다. 하지만 도제 문화만큼은 이 판의 재생산 및 조직 형성과 강하게 결부되어 있기 때문에, 밖에 있는 누군가가 선뜻 대안을 내놓기 어렵다.

해답은 현장에 있다. 권력관계에 의한 폭력과 악습이 현장에서부터 없어져야 한다. 폭력으로 이어지고 있는 도제 문화를 감독급부터 과감히 끊어내야 한다. 더불어 제작 경험이 많고 우수한 사람들이 모여서, 드라마 제작과 관련된 교육 시스템을 체계화하는 작업을 스스로 진행해야 한다. 유명한 개인을 통해서만 살아남을 수 있는 구조를 유지해서는 안 된다. 당연히 방송국과 제작사의 역할도 중요하다. 본인들이 가진 자본을 활용해 드라마 제작의 질을 한 단계 높이기 위한 제작 및 교육 시스템을 마련해야 한다. 멋진 드라마를 만들고자 하는 사람들이, 더는 아마추어 같은 일로 상처받고 떠나지 않기를 바란다. 선진국이면 선진국답게, 집단을 통해, 시스템을 통해 성장할 수 있기를 바란다. 세계를 휩쓸고 있는 한류 드라마가 제작 시스템부터 떳떳할 수 있도록 현장의 모두가 함께 노력할 수 있었으면 좋겠다.

* 조민준, 《7인의 PD, 드라마를 말하다》(페이퍼하우스, 2012)

#7 '예술'은 왜
노동이 아니란 말인가?

제작사의 CP와 마주 보는 자리. 사무적인 만남 같지만 사실 나에게는 살 떨리는 자리였다. 내가 CP를 볼 일이라고는 제보에 대응한 뒤 구성되는 협상 테이블일밖에 없었기 때문이다. 이번에도 역시나 일주일에 100시간이 넘게 3주간 촬영이 강행되고 있다는 제보가 들어왔다. 긴장한 상태로 협상 자리에 앉았다. 서로의 안부를 묻고, 먼저 말했다.

> "이 드라마는 스타PD, 스타작가, 유명배우로 채워진 작품입니다. 대체 사람이 이렇게 길게 근무하는 것이 가당키나 한 일입니까?"

가당찮은 일이라고는 말했지만, 드라마 세상에서는 빈번한 일이다. 자주 일어나는 일인 만큼, 양측이 마치 매뉴얼이라도 있는 것처럼 익숙한 대안이 오고 갔다. 이번에도 그 익숙한 대안 중 하나인 제작팀 추가 편성 및 운영(B팀 운영)을 요구했다. 그런데 뜻밖에도 CP가 난감해했다. 원래 유사한 사건이 발생하면 제작사는 손쉽게 B팀 투입을 결정했는데, 이번 CP는 다른 반응을 보였다. 그는 스타PD인 A감독에게 B팀을 투입하겠다고 통보하면, A감독은 자신의 '예술' 작품 일부를 타인에게 맡기는 꼴이라고 여기고 자존심상 절대 허락하지 않을 것이라 말하였다. 울컥 화가 났다.

그 자존심이란 것이 정녕 드라마 제작 현장의 최고 관리자인 PD가 으레 갖춰야 할 예술가로서의 자존심일까? 현장에서 함께 일하는 사람들이 모두 같은 사람이라고 생각하지는 않는 것일까? 예술을 미워할 필요는 없지만, 예술이라는 이름으로 주변 사람들을 괴롭히는 꼴을 자주 마주하다 보면 예술까지 미워져 버린다. '창의성', '예술'이라는 단어는 드라마 제작 현장에서 사용되는 단어 가운데 가장 미운 말일 수 있다고 생각했다.

A감독의 전작이 경쟁 사회에 지친 채 완성된 삶을 살지 못하는 청춘을 '위로'하고 '존중'하는 내용으로 흥행 성공을 이루었기 때문에, 기괴함과 모순성이 더욱 극대화되었다. 위로와 존중은커녕 도구 취급을 받으며 A감독과 함께 작품을 제작했을 사람들이 얼마나 괴리감을 느꼈을지 상상조차 할 수 없다.

A감독은 보란 듯이 다음 작품의 제작 현장에서도 과도한 장시간 노동 문제가 불거졌다.

"연출자로 성장하면서 한 번도 노동을 배워본 적이 없습니다."

　메인PD가 창의적인 작품을 창작하는 예술가를 자처할 경우, 카메라 뒤의 사람이 어떻게 갈려나가고 있는지는 관심 밖의 이슈가 된다. 극소수 연출자만의 문제라고 여길 수도 있겠지만, 창의성과 예술성을 위해 노동을 무시하는 PD가 아직도 현장에 즐비하다. 연출자로 성장하면서 '노동'에 대해 제대로 배울 수 없는 구조가 주요 원인이기도 하다.

　연출자는 반 고흐처럼 홀로 캔버스에 그림을 그리는 화가가 아니다. 많게는 백여 명의 노동자들을 책임져야 하는 조직의 관리자이자 사용자이다. 공적 주체로서 자신의 정체성을 상실한다면 A 감독처럼 현장에서 계속 문제를 일으키게 되는 것이다.

'치열한 전투'

현장 종사자들이 제일 무서워하는 것 중 하나는 대본에 지문이 짧게 나오는 것이다. 짧은 지문에 관한 PD의 창작활동이 성에 차게 마무리될 때까지 죽어라 뛰어다녀야 하기 때문이다.

　"사극을 하고 있었는데, 대본에 '치열한 전투'라고만 쓰여 있었어요. 치열한 전투라는 다섯 글자가 나오는 순간 '아, 오늘 날 다 샜구나' 했죠."

✕✕ 전투 신을 촬영하는 모습(©한여정)

　PD가 창의성을 빌미로 제작 준비도 제대로 하지 않고 수많은 스태프를 이리 보냈다가 저리 보냈다가를 반복하는 경우는 비일비재하다. PD 머릿속에 '치열한 전투' 장면이 완성될 때까지, 스태프들은 퇴근이 없다. 이상적인 '치열한 전투'가 무엇인지는 오로지 예술가인 PD의 머릿속에만 들어 있다. 오죽하면 스태프들은 PD의 머릿속에 들어가고 싶다는 말까지 한다.

　드라마는 문화 콘텐츠이다. 창의성 있는 예술 작품을 만드는 것은 당연히 드라마 제작의 중요한 목표가 될 수 있다. 실제로 창의적인 작품이 한류 열풍을 이끌기도 했다. 다만 문화, 예술, 창의성 따위에 지나치게 주목하다 보면, 드라마 산업에 종사하는 수많은 노동자가 너무 쉽게 잊힌다는 것이 문제다. 드라마는 단순한 예술작품이 아니다. 카메라 뒤의 사람들이 혹한기와 혹서기에도 피땀 흘리며 노동을 제공해야 나오는 하나의 생산물이다. 한국의 모든 PD들이 이 사실만큼은 절대 잊지 않고 작품을 제작했으면 한다.

당신은 예술을 하는 사람입니다

'예술'이라는 말에 따라오는 문제는 관리자(연출자)의 왜곡된 인식 때문에 발생하는 것만은 아니다. 개별 종사자들에게 예술가 딱지가 붙으면서 노동 여건이 더 악화되는 경우도 있다. 물론 이는 드라마 현장만의 문제는 아니다. 문화 산업과 문화 노동 사이에 발생하는 모순적인 상황이 드라마 산업에도 마찬가지로 나타나는 것이다.

문화 산업 전반에서 '예술'과 '노동'은 위태로운 관계를 맺어왔다. 예술가는 창작 활동을 하는 과정에서 즐거움과 성취를 얻기 때문에, 사회의 시선에서 예술 활동은 일반적인 노동과 다르게 인식된다. 상징적 가치를 만드는 일이다 보니 결과물도 제조업의 노동과는 다르게 비춰질 수밖에 없다. 이런 인식 아래, 예술하는 자가 돈을 조금 덜 버는 것 정도는 자연스럽게 용인하게 된다. 하지만 예술의 세계에도 자본주의 산업 구조가 스며들면서, 예술은 예술만의 독립적인 공간에 있을 수 없게 되었다.

"창의적인 작품을 만드는 사람들은 더 자유롭고 궁핍해야 합니
다."

특히 드라마 산업처럼 엄청난 규모의 인력과 노동력이 필요한 곳
에서는 예술과 노동 사이의 모순적인 관계가 심화된다. 드라마 현
장에서 자유의지를 가지고 창작 행위를 할 수 있는 사람은 사실
상 메인PD를 제외하고는 없다. 그러나 개별 스태프는 여전히 과거
의 예술가처럼 취급당한다. 관리자들은 종사자들에게 노동환경에
대해 불평하기보다는 열정 노동을 자발적으로 제공할 것을 당연
하게 요구한다. 심지어 한 방송국 관계자는 스태프에게 "창의적인
작품을 만드는 사람들은 더 자유롭고 궁핍해야" 한다고 발언하는
몰상식함을 보이기도 했다. 드라마 스태프를 오랜 기간 프리랜서
로 취급하며 노동자로 인정하지 않았던 것도 이와 같은, 예술과 노
동 사이의 모순에서 비롯되었다고 볼 수 있다.

물론 문화 산업에 종사하는 사람들조차 자신이 예술과 노동 중
어느 쪽에 있는지 고민하는 경우가 많다. 작품 제작 과정에서 생
겨나는 예술적 가치를 특별하게 취급할 필요도 있기 때문에, 이
들 스스로 노동으로부터 거리를 두기도 한다. 분명 문화 산업에서
이루어지는 노동은 특수한 점이 많다. 이러한 특수성 때문에 영
국에서는 문화 산업의 노동이 다른 산업의 노동과는 다르게 '문

화 노동'으로 규정되고 오랜 시간 그 특성과 문제점을 찾아내는 데 공 들여왔다. 그 결과 이들은 문화 노동에는 창작이라는 특수성이 분명 존재하지만, 창작 행위는 노동 행위와 결코 분리할 수 없음을 재확인했다.

드라마를 만드는 사람들은 당연히 예술가로서 인정받을 수 있지만, 동시에 노동자이다. 거대한 자본이 잠식한 드라마 현장에 온전한 예술가는 없다. 이들에게서 노동을 분리하기보다는, 오히려 그들의 작업이 특수한 노동임을 인정하고, 새로운 방식으로 노동권을 보장할 방법을 찾아야 한다. 현장의 상황은 너무 심각하기 때문에 더는 노동과 예술 사이에서 고민하고 있을 겨를도 없다. 다행히 고용노동부에서 특별근로감독관을 통해 드라마 스태프의 노동자성을 인정했다. 방송 스태프가 법률적으로 확실히 노동자임을 인정받았으니, 이제 '창작하는 노동자'의 특수한 권리도 보장받을 차례다. 이들이 멋지게 창작을 이어가는 만큼, 노동자로서 존중받고 대우받는 날을 꿈꾸어 본다.

#8 보통보다도 못한
– '여성'에게 더 잔혹한 드라마 현장

"다리가 두껍다. 살 빼라. 반성해라."

드라마 현장에 계급이 있다는 것은 L도 알고 있었다. 비록 일한 지 얼마 안 되었지만, 계급에 따라 감당해야 하는 살인적인 노동 환경과 인격 모독의 수준이 다르다는 것을 깨닫는 데는 오래 걸리지 않았다. 최하위 계급은 당연히 '막내'라고 불리는 말단 스태프들이다. '막내'와는 결이 다른 문제를 안고 버티는 최하위 계급들도 있다. 드라마 현장의 '여성'이다. L은 막내인 동시에 여성이다.

혐오는 언제나 낮은 곳으로 흐른다. L은 드라마 세계의 가장 낮은 곳에 서 있다. 혐오를 버티는 것 역시 L에게 업무가 되어갔다. 열악한 환경에 처한 사람들 사이에서 성차별, 성폭력의 문제는 더욱 심각하게 나타난다. 드라마 현장의 살인적인 노동 강도와 폭력적인 문화는 이미 종사자들이 감당하기 어려운 수준이다. L의 동료 혹은 종사자들은 과도한 스트레스를 해소하기 위해, 오히려 L과 같은 이들에게 더 잔혹한 행위를 벌였다. 저항이 위를 향하지 못하고 아래를 향한 혐오로 이어지는 것이다. 결국 L은 생각한다.

'여성에게 더 잔혹한 현장, 그곳이 바로 드라마 현장이다'

○
●

우리는 〈혼술남녀〉 대책위, 드라마 개선을 위한 TF, 한빛센터 등 다양한 공간에서 드라마 현장의 제보센터를 운영해왔다. 제보 중 성희롱, 성폭력 관련 내용은 꾸준하게 많은 양을 차지하였다.

외모 지적과 성적 농담은 드라마 현장에서 수없이 많았다. 남성 스태프들은 현장 여성 스태프들의 외모 순위를 매긴다. L과 같이 나이 어린 여성들을 희롱하기도 한다. 이러한 성희롱은 장소를 불문하고 발생한다. 공식적인 회의 자리에서도 성희롱이 공공연하게 오고 간다. 연예인과 같이 일하는 드라마 현장 종사자 남성들이 여성 스태프들의 외모를 출연배우와 비교하며 "쟨 저런데, 넌 왜 이러냐"며 시비를 걸기도 한다. 신입을 채용할 때는 "여자니까 예쁘기만 하면 되지 뭘 보냐"는 말이 자연스러운 공간이 드라마 세상이다. 체력이 동날 정도로 바쁘고, 자신을 돌볼 여유가 없는 스태프들이 공유하는 몇 안 되는 유희거리가 고작 동료 여성에 대한 외모 비하와 성희롱이라는 사실에 참담하였다.

현장의 여성 스태프들은 신체적 성폭력 위협에도 노출되어있었다. 한 남성 감독이 신인 여성 작가와의 업무미팅에서 갑자기 불을 끈 뒤 손을 잡아보라고 요구한 사례도 있었다.

"(손을 잡으면서) 손잡는 걸 성추행이라고 해야 하나?"
"(여성 막내에게) 한 달에 (금액) ○○ 줄 테니 만나자."
"남자친구 있니? 그럼 처녀 아니겠네?"
"너랑 자고 싶다."
"결혼만 안 했으면 내가 ○○하는 건데."

위의 증언들은 단순한 모욕에 그치지 않고 구체적인 신체 접촉과 폭력을 암시한다. 상당수의 여성 스태프가 불쾌한 성적 농담 수준을 넘어서는 물리적 성폭력의 위험을 감수하고 있는 것이다.

"여자니까 이래야 해. 여자라서 문제야."

끊임없이 여성을 평가와 유희의 대상으로 삼고, 폭력을 휘두르는 촬영장의 문화는 업무에서 여성을 차별하는 상황으로도 나타난다. '여자니까', '여자라서'라는 성차별적인 말 뒤에는 여성혐오적인 인식이 깔려있다. '여자니까 회식 자리에서 술을 따라야 한다'는 고리타분한 성차별은 현장에서 아직도 서슴없이 일어난다. 장시간 촬영으로 여성 스태프들이 지치고 피곤해하는 기색을 보이면 바로 '여자라서' 그렇다는 잣대를 들이댄다. 여성 보조 스태프를 '밥 해주는 애'라고 묘사하거나 여성 스태프들에게만 비합리적인 가사노동을 요구하기도 한다. 이외에도 "현장에서 분 냄새 나는 것이 질색"이라거나 "여자 작가는 감정적이고 남자 작가는 이야기를 잘 짠다"는 등 비상식적인 성차별 언행은 끝도 없이 존재한다.

이러한 성차별 문제는 여성의 경력단절로도 이어진다. 밤낮으로 일해야만 하는 드라마업계는, 육아와 가사의 부담이 편중된 여성들에게 오래 버티기 힘든 공간이다. 특히 동종업계 종사자와 결혼한 경우가 아니라면, 그들의 노동환경은 이해받지 못하고 회사와 가정, 양쪽에서 압박을 받는 상황에 처한다. 이러한 구조로 인해, 상당수의 여성은 임신·출산 이후 드라마업계를 떠나고 있다. 남성보다 여성의 경력단절의 비율이 압도적으로 높은 것이다. 이는 여성 종사자들은 상대적으로 관계가 업종에 묶이는 경우가 많고 선택의 폭도 좁다는 것을 뜻한다.

"찍히면 힘드니까. 손 마사지 정도는 해주었어요."

한국 사회에서 직장 내 성차별적이고 폭력적인 문화가 있다는 것이 그리 놀라운 일은 아니다. 드라마 현장 역시 폐쇄적인 구조와 성차별에 무감각한 집단 문화가 있기 때문에, 이 문제를 개선하지 못하고 있다. 특히 도급 계약, 턴키 계약, 프리랜서 계약 등으로 이루어진 위계적이고 복잡한 드라마 생태계에서, '슈퍼 을'인 여성 노동자 한 명이 문제를 제기하기란 불가능에 가깝다. 상하관계가 확실한 드라마 현장에서 선배나 감독들의 요구는 쉽게 거부할 수 없는 형태로 나타난다.

10년 차 선배인 남성이 일을 시킨답시고 여성 조연출의 무릎에 앉아 특정 신체 부위를 쓰다듬었다는 제보가 있었는가 하면, 존경하던 PD와 식사를 하던 중 그 PD가 갑자기 키스를 시도하고 포옹을 했다는 증언도 있었다. 이 여성 스태프는 다음 작품에서 제외될까 봐 화도 제대로 내지 못하고, 외려 PD를 달래 상황을 모면했다고 한다. 이렇듯 업계 내부의 피해자들은 불안정한 일자리와 거기에 달린 생계 때문에 화를 내지도, 부당함을 문제 제기하지도 못한다. 오히려 사건이 발생한 다음부터는, 어떤 폭력이 발생하더라도 그냥 웃으면서 대처하는 방법을 택한다고 한다.

"야, 이 판에서 그런 일 한 번 안 겪고 올라갈 수 있을 것 같아?"

✕✕ 2019년 여성의 날에 진행한 캠페인 웹툰(facebook.com/hanbit.mediacenter)

성폭력을 저지르는 자들은 현장에서 권력을 갖고 있는 사람인 경우가 많기 때문에, 다들 사실을 쉬쉬하거나 결국에는 상황을 무마시키고 마는 결과로 이어진다. 실제로 저명한 PD 중 한 명이 성폭력 가해자로 지목된 적이 있었는데, "저 분 원래 좋은 분인데, 주사가 조금 있어"라는 이야기가 나오면서 너무나 쉽게 상황이 정리됐다고 한다. 사람들은 피해자를 향해 "이런 거 못 견딜 거면 이쪽에서 일하면 안 돼"라고 말하기까지 했다. 더한 경우, 가해자를 옹호하기 위해 "네가 꼬셨지"라며 전형적인 백래시를 가한 경우도 있었다.

상황이 이렇다 보니 당사자가 업계를 떠날 각오를 하고 밝히지 않으면, 대부분의 사건은 묻히게 되고 가해자는 계속 그 바닥에 남는다. 심지어 피해자가 용기 내어 고발한 경우에도 가해자는 그저 방송국 1년 출입 금지나 활동 정지 처분 정도를 받고 추후 소리소문없이 복귀한다. 게다가 오늘날의 드라마업계에서 가해자는 방송국을 떠나더라도 갈 곳이 많다. 외주제작사나 케이블 방송국 등 그를 필요로 하는 곳은 많으므로, 일자리를 옮기면 그만인 것이다.

"너와 계약하지 않겠다"

성폭력과 성차별을 예방하기 위한 제도도 부실하다. 현장에 성평등 교육 이수 제도가 존재하지 않는 것도 아니다. 그러나 한 제보자에 의하면 성평등 교육을 이수하라는 공문이 한 달에 한 번씩 왔음에도, 세 작품이 진행되는 내내 한 번도 이루어진 적이 없었다. 거의 생방송과 다름없이 진행되는 제작스케줄 속에서 교육에 시간을 할애하자고 제안하기도 쉽지 않은 실정이다.

심지어 현장에서는 상식적으로 이해할 수 없는 성차별적인 갑질까지 발생한다. 한 방송국 PD는 프리랜서PD가 드라마 대본 앞표지에 반성폭력 내부규약을 실으려고 하자 금지하기도 했다. 실시하고 있던 반성폭력 내부규약을 금지한 일도 있었다. '이거 한 번 더 넣으면 너와 계약하지 않겠다'는 협박으로 결국 대본에서 반성폭력 내부규약을 빼버렸다. 그렇게 성폭력을 쉬쉬하고 차별을 바로잡으려는 노력을 미루고 외면하는 사이, 짐은 고스란히 약자들의 몫이 되었다. 그리하여 드라마 현장에 생긴 성별 간 불균형은 점점 더 크게 벌어지고 있다.

성차별적이지 않은, 성폭력 없는 드라마 현장

드라마 현장을 소재로 다루었던 tvN 드라마 〈이번 생은 처음이라〉 (연출: 박춘화/극본: 윤난중)에도 비슷한 장면이 나왔다. 극중 드라마 작가로 나오는 여자 주인공은 조감독에게 성폭행을 당할 뻔 한다. 그러나 같은 드라마 팀의 PD와 작가는 사건을 무마하려 들고, 이에 여주인공이 반발하자 PD는 이렇게 말한다.

> "작가야, 너 지금 여기가 무슨 대학교 동아리인 줄 아니? 그렇게 작은 일에 징징대고 그러면 드라마를 어떻게 만들어. 드라마는 팀워크야. 우리 없으면 네 작품 하나 들어가기 힘들어. 알아?"

드라마에서나 벌어질 법한 사건이 사실 카메라 뒤에서 버젓이 일어나고 있다고, 누가 상상이나 하겠는가. 하지만 불행하게도 많은 제보는 이러한 사건들이 사실임을 확인해주었다. 촬영장 안 폭력적인 문화는 성희롱, 성추행, 성폭력 등 정도를 가리지 않고 피해자들의 일터와 삶에 고통을 가했다.

이것은 적정 노동시간이 지켜지는 것만큼 중요한 문제다. 이 문제를 해결하기 위해 필요한 것은 결국 상황을 변화시키고자 하는 당사자들의 목소리이다. 다행히도 최근에 다양한 분야에서 여성들의 목소리가 터져 나오면서, 변화의 조짐이 보이고 있다. 드라마 대본 중 상당수가 반성폭력에 대한 문구를 포함하고 있으며, 성평등 교육 이수율도 높아지고 있다. 노동에 대한 존중은 사람에 대한 존중에서 출발할 수 있다. 성차별이지 않은, 성폭력 없는 드라마 현장은 근로기준법이 지켜지는 현장만큼 중요하고 필요하다. 이제라도 차별과 폭력을 가하기보다는 동등하고 평등하게 일하는 현장으로 나아가는 것이 중요하다.

---

* 이번 절은 한빛센터에서 연재했던 스토리펀딩 글을 토대로 집필하였다.

#9 '아이들'의 직장이 된 드라마 현장

"울어야 하는 장면에서 울음이 터지지 않자,
감독은 어린아이였던 나에게 소리를 지르기도 했고,
심지어 담배 연기를 내 눈에 갖다 뱉기도 했다."
− 연기자 A 씨 −

"촬영이 끝나고 배가 고파 허겁지겁 먹은 것이 체했지만,
돌봐줄 사람이 없어 혼자 변기를 잡고 울었다."
− 연기자 A 씨 −

"대한민국에서 아역배우를 한다는 것은 힘든 일이다.
밤샘 촬영에 결석도 밥 먹듯이 한다."
− 연기자 B 씨 −

드라마는 우리가 살아가는 세상에 대한 이야기를 한다. 그러니 당
연히 아동과 청소년의 이야기도 드라마에 담긴다. 아동·청소년도
드라마 현장의 노동자로 참여하게 되는 것이다. 전국적인 신드롬

을 일으킨 드라마 〈SKY 캐슬〉에서 청소년 연기자들의 열연이 수 많은 시청자의 뇌리에 각인되기도 했다. 드라마가 방영된 이래로 아동·청소년 연기자 역시 꾸준히 드라마 세계의 한 부분을 채웠 다. 그리고 세간의 관심은 자연스럽게 성공한 아동·청소년 연기자 들에게 맞춰진다. 대중은 이들이 어떻게 성장했는지, 연기력이 얼 마나 좋아졌는지를 내다보는 일을 즐긴다.

그런데 의문이 든다. 드라마 현장의 노동 강도가 살인적이라는 데, 아동·청소년 연기자들은 과연 그곳에서 안녕히 지내고 있는 것일까? 안타깝게도, 오늘의 현장은 아동이든 청소년이든 예외를 두지 않는다. 주당 120시간이라는 고강도 노동 현장에서, 카메라 에 담겨야 하는 연기자는 나이를 불문하고 빠질 수 없다. 아동· 청소년 연기자들도 모든 일정을 성인들과 마찬가지로 견뎌야 하 는 것이다. 대한민국에서 살아가는 아동이라면 이유와 조건을 막 론하고 무조건 보호되어야 한다. 이는 논쟁할 필요도 없는 상식이 다. 하지만 지금 드라마 제작 현장에서는 아이들이 그대로 방치되 고 있다. 성인도 견디기 힘들어서 쓰러지는, 가장 잔인한 노동환경 을 아동·청소년 연기자들은 그대로 감당하고 있다. 사람들은 이 들에게 보호의 손길은커녕 아무런 관심조차 보내지 않는다. 막내 스태프와 여성들만큼 더 가혹한 환경을 견뎌야 하는 사람이 바로 아동·청소년 배우들인 것이다.

사실 카메라 뒤 연기자도 약자이다. 스타배우가 몇십억의 출연료 를 받아가는 것과 대조적으로, 단역들은 저임금과 갑질을 견디며 하루하루를 살아가고 있다. '슈퍼 을'의 지위는 스태프와 연기자를 구분하지 않는다. 그중에서도 아동·청소년 연기자들은 약자 중에서도 가장 약자의 위치에 놓여 있다.

○
●

우선 '아이들이 노동자가 될 수 있는지'를 질문하는 사람들이 있을 것이다. 원래 15세 미만의 아동·청소년은 법적으로 노동이 금지되어 있다. 하지만 드라마업계의 특성상, 허가증을 받으면 근로 기준법 적용을 받는 가운데 아동·청소년의 노동을 허용할 수 있다. 그렇게 드라마 현장에 아동·청소년 연기자가 들어오게 된다. 하지만 서로가 서로에게 신경 쓰지 못하는 지옥 같은 드라마 현장에서 아동·청소년 연기자들은 무방비 상태로 방치되곤 한다. 그 결과 이들의 권리는 땅으로 떨어지고 만다. 성인의 경우 사람들을 모아서 항의하거나 한빛센터에 제보라도 할 수 있지만, 아동과 청소년들은 성인들처럼 문제를 인식하고 저항하기가 힘들기 때문에, 문제가 더욱 심각해진다.

'대중문화예술산업발전법'에는 15세 미만의 청소년이 일주일에 35시간을 초과해서 촬영을 해서는 안 된다는 규정이 있다. 특히 오후 10시부터 오전 6시까지의 야간 노동이 금지되어 있다. 하지만 현장의 누구도 이 법을 염두에 두지 않는다. 법안을 제대로 알고 있는 관리자조차 거의 없다고 한다. 심지어 해당 규정에는 '친권자 또는 후견인의 동의가 있는 경우에는 가능하다'는 예외 조항이 있어서, 방송국과 제작사가 '방송을 내보내야 한다'는 이유로 부모에게 동의를 받아오는 경우가 대부분이다. 상황이 이렇다 보니 아동·청소년 연기자의 과로를 막기란 사실상 불가능하다.

2018년 여름, 혹서기 때 결국 아동 연기자 한 명이 현장에서 실신하는 사건이 발생했다. 현장을 제보한 배우는 "누구 한 명 쓰러질까 봐 무섭다, 세월호의 악몽이 눈앞에서 다시 벌어질까 봐 너무나 두렵다"라며 한빛센터에 다급하게 간절한 요청을 보냈다. 제보를 받은 이후 배우와 함께 해결 방안을 모색하는 자리를 마련했다. 이 자리에서 정말 마음이 무거웠던 기억이 난다. 우리가 주로 스태프들의 문제를 다루다 보니 정말 중요한 부분을 아예 놓치고 있었던 것이다. 드라마업계의 노동환경이 극악하다는 걸 너무나 잘 알고 있었으면서도, 그 안에서 아동·청소년 연기자들이 어떻게 대우받고 있는지 제대로 바라보지 못했다. 먼지가 가득하고 화재의 위험에 그대로 노출된 세트장, 미세먼지가 가득한 야외 촬영장에서 갓난아기를 포함한 수많은 아동·청소년 연기자들이 촬영을 이어가고 있었다. 안전한 울타리도 없이, 위험에 그대로 노출된 채로 말이다.

아동·청소년 연기자가 감당해야 하는 현실은 극악한 노동환경뿐만이 아니다. 영화 〈도가니〉에서 성폭행과 성추행을 당하는 배역을 맡게 된 아동과 청소년이 사후에 후유증을 겪지 않을까, 하는 우려의 목소리가 높아졌었다. 정부에서 영화진흥위원회를 통해 부랴부랴 후유증 예방 및 치유 양해각서를 맺었지만, 수요가 적다는 이유로 2년 만에 폐지돼 버렸다. 〈도가니〉 논란 이후 드라마 〈보고싶다〉, 〈육룡이 나르샤〉 등에서도 비슷한 논란이 발생했지만, 이후 해당 배우에 대한 관리가 적절하게 이행되었는지는 알 수 없었다. 아동·청소년 연기자에게 자극적이고 선정적인 연기를 시키는 관행도 비판받아야 하지만, 연기가 끝나고서도 이들이 상담과 전문적인 관리를 받을 시스템조차 없다는 것이 너무 참담했다.

　일부 현장에서는 아이들에게 감정 연기를 시킨다는 명목으로, 일부러 위협을 가하거나 실제로 폭력을 행사하는 경우도 있다고 한다. 이 제작진에게는 아이들마저 촬영에 필요한 도구일 뿐이다. 아이들이 가지게 될 트라우마에 대해서는 고민조차 하지 않는다. 아이들을 인위적으로 자극하는 수준은 주연이 아니라 보조출연 영역에서 더욱더 심하다고 한다. 어른들의 가장 못된 부분이 아이들에게 여과 없이 전해지고 있는 것이다. 아동·청소년 연기자들은 배우지 않아도 될 드라마 현장의 악습을 내면화하면서 성장하고 있다.

○
●
아동·청소년을 이렇게 말도 안 되는 상황 속에 방치하며, 드라마나 영화를 찍는 나라는 전 세계를 뒤져보아도 찾기 어렵다. 초등학생이 대거 출연했던 영화 〈해리포터〉 시리즈는 아역배우들의 촬영시간을 하루 4시간으로 제한했으며, 이들의 학습권을 보호하기 위해 매번 현장에 학습교사를 파견하였다. 일본에서는 오후 10시부터 오전 5시 사이에 아동·청소년 연예인들의 근무가 일절 금지된다. 아이돌 그룹 '카라'의 멤버인 강지영이 미성년자였을 때, 일본 생방송 예능 프로그램에 출연했다가 이 규정 때문에 조기 퇴근해 한국에서 화제가 된 적이 있다. 독일, 프랑스, 영국 등 일정 규모 이상의 영화나 드라마를 제작하는 국가 가운데, 우리나라만큼 아동·청소년들을 무방비하게 방치하며 촬영에 동원하는 나라는 한 군데도 없다.

이 문제를 촌각을 다투는 건으로 여기고 제보를 받은 직후 아동·청소년 연기자 문제를 함께 해결할 사람들을 백방으로 찾아다녔다. 하지만 기존의 아동보호단체에서도 선뜻 움직이기 어렵다는 답변을 받았다. 아동·청소년 배우의 노동 여건이 극악한 것은 잘 알고 있지만, 그들 본인이 원해서 시작한 일이고 대부분 중산층 이상의 자제들이기 때문에, 적극적으로 대응할 명분이 부족하다는 것이다. 물론 정말 열악한 환경에서 생존을 걱정하며 살아가야 하는 아이들이 우리 주변에도 많이 있다. 하지만 그렇지 않은 아동이라고 해서 부적절한 조건에서 성장해도 상관이 없는 것은 아니다. 환경을 막론하고 어떤 아동도 권리를 침해당해서는 안 된다는 사실은 변하지 않는다. 지금도 현장의 많은 아동·청소년 연기자들이 살인적인 노동시간과 열악한 환경, 각종 사회적 위협에 노출되어 있다. 말도 안 되는 상황에서 노동하고 있는 아이들이 바로 눈앞에 있다. 이들의 노동현실에 집중하고 문제를 수면 위로 끌어올려야 할 시기이다.

✕✕ 아동·청소년 연기자 노동인권 캠페인 카드뉴스(ⓒ한빛센터)

아동·청소년의 노동조건을 적절하게 보장하면서 촬영을 끝낸 작품도 있었다. 영화 〈우리들〉이다. 주연이 아역배우들인 만큼 영화 전체에 아역배우가 많이 출연하다 보니, 〈우리들〉 제작진은 아동들을 확실하게 보호하자는 목표가 있었다. 우선 아역배우 한 명당, 그들을 돌볼 성인 스태프 한 명을 배정했다. 노동시간은 법률 규정을 준수해서 초과 노동이 일어나지 않게끔 촬영스케줄을 짰고, 촬영이 끝나면 아역배우들을 안전하게 귀가시키고 부모님과

매일 통화하며 배우가 느끼는 노동 강도를 확인했다. 영화 〈우리들〉은 많은 사람들에게 감동을 선사했는데, 제작진이 보여준 카메라 뒤의 모습도 영화만큼 아름다웠다.

봉준호 감독도 〈옥자〉를 찍을 때 미국의 아동노동법 기준을 준수하여 촬영을 진행했다고 한다. 우리나라도 아동·청소년 배우를 보호하는 동시에 충분히 우수한 작품을 제작할 수 있다. 다만 이들을 보호할 제도가 미비하고, 이를 위반하는 사람들을 처벌할 방법도 없었던 데다가 제도 없이도 최소한의 양심을 지키려 노력한 사람마저 없었을 뿐이다. 대책은 명확하다. 노동시간과 노동환경에 대한 기준을 명확히 하고, 위반 시 강력하게 처벌하면 된다. 마찬가지로 아이들이 자극적이고 위협적인 상황에 노출되지 않도록 규제할 방안을 마련해야 한다. 또한 아동·청소년 배우가 직접적으로 권리를 구제하지 못할 가능성이 높으니, 교육부에서 사람을 파견하거나, 고용노동부에서 감독관을 배치하여 이들의 권리를 보호하는 장치를 마련하면 된다.

우리 사회는 2014년에 너무나 큰 아픔을 경험했다. 자식을 떠나보내는 슬픔을 말이다. 나는 나의 가장 가까운 가족을 통해 슬픔을 느끼기도 했다. 그래서 글을 쓰고 있는 지금도 아동·청소년 연기자의 문제를 생각하면 마음이 조급해진다. 더 이상 아이들이 죽거나 다치는 모습을 보고 싶지 않다. 그 소식을 들었을 때 온전히 감당할 자신도 없다. 하지만 오늘의 드라마 현장은 언제 아이들이 다쳐도 이상하지 않은 공간이다. 어른들에게 최소한의 양심과 책임감만 있었어도 현장이 오늘 같지는 않을 것이다. 한빛센터에서 가능한 모든 방법을 통해 제도를 바꾸어 보겠지만, 우선 현장의 문화가 개선되지 않으면, 아동·청소년 연기자들이 위협에서 벗어나지 못할 가능성이 높아진다. 현장에 계신 종사자분들께 간절히 부탁드리고 싶다. 아이들이 좋은 모습만 보았으면 좋겠다. 이들이 정말 열악한 상황에서도 아동과 청소년만큼은 보호하겠다는 어른들의 모습을 본다면, 그곳에서 성장한 아이들은 분명 더 나은 어른이 될 것이다. 그리고 그 아이들이 만드는 현장은 지금보다 더 아름다워질 수 있을 것이다. 그동안 우리 스스로가 외면하고 잊고 있었던 존재들을 다시 바라보자. 그리고 과거처럼 아이들을 떠나보낸 뒤 울지는 말자. 다시는 그러지 말자.

#10 '작가',
쉬이 상해버리는 꿈

'영화는 감독의 예술, 연극은 배우의 예술, 드라마는 작가의 예술'
이라고들 한다. 그만큼 드라마에서 작가의 영향력은 강력하다. 드
라마의 스토리와 캐릭터는 작가의 손에서 탄생하기 때문이다. 스
타작가들의 회당 집필료는 1억이 넘는다. 최근 스타작가들은 드라
마 제작사와 높은 금액으로 전속계약을 맺어 그 영향력을 확대하
는 모양새이다. 그러나 드라마 제작 현장의 주인공인 드라마 작가
의 세상은 생각만큼 녹록치 않다.

　전문가 조직들의 협업으로 이뤄지는 드라마 제작 현장의 여타
직종들과 마찬가지로, 드라마 보조작가 역시 어떤 메인작가를 만
나느냐에 따라 처우가 결정된다. 좋은 메인작가를 만나면, 허드렛
일을 시키지 않고 작품기획, 자료조사와 집필보조라는 업무에 집
중할 수 있지만, 나쁜 메인작가를 만나면 작품관련 업무보다는 잔

심부름에 더 집중해야 한다.

> "다른 보조작가들은 월에 180만 원은 받는다던데, 드라마는 150만 원에 꿀 발라났나요? 왜 항상 월에 150만 원인 거죠?"

메인작가는 보통 혼자 글을 쓰지 않고 보조작가를 고용하여 집 필을 한다. 보조작가들은 드라마 메인작가의 꿈을 안고 방송 현장 에 들어와 메인작가들과 함께 일한다. 시청자들이 생각하는 것 이 상으로 보조작가의 업무는 상당히 많다. 대본 회의에 참여하고 에 피소드 아이디어를 내고, 심지어 대본의 일부 시퀀스를 작성하거 나 초고를 쓰는 경우도 있다. 업무 특성상 메인작가들과 합숙을 하 기도 하고, 재택근무를 하기도 한다. 하지만 대본 저작권은 오롯이 메인작가의 것이 된다.

특히 온에어 시점에 '피치 못 할 사정'과 '방송 안 내보낼 거야?' 라는 레퍼토리가 자연스럽게 등장한다. '쪽대본' 집필이 시작될 경 우 보조작가의 고통은 더욱 극대화된다. 우선 합숙이 시작된다. 당 연하게도 쪽대본 현장에서 작가진은 단 한 시간도 쉴 수 없다. 쪽대 본을 만드는 동안은 24시간 근무체제다. 즉 잠을 잘 수 없다. 작품 활동을 하시느라 한껏 날카로워지신 '메인 작가님'의 심기를 거스 를 수도 없다. 야근수당? 꿈도 꾸지 못한다. 작가들의 월 급여는 모 가 됐든 도가 됐든 150만 원이다. 한껏 날카로워진 현장에서 일주 일을 밤을 새워 집필을 마친 한 달이 끝나고 나면, 통장에는 150만

원이 들어온다.

부당함을 느낀 작가들이 제작사를 찾아가도 소용이 없다. 제작사의 논리는 메인작가가 돈을 많이 받고 있으니, 우리를 찾아오지 말고 메인작가에게 따로 돈을 받으라는 식이다. 물론 좋은 인품의 메인작가가 본인의 원고료에서 보조작가의 임금을 챙겨주는 경우도 있지만, 대다수는 아니다. 더구나 메인작가가 사비로 임금을 올려준 경우 '챙겨준다'라는 개념이 성립하는데, 그마저도 최저임금에는 한참 미치지 못한다. 결국 보조작가는 최저임금보다 적은 돈을 받으면서도 메인작가의 눈치를 보고 미안한 마음을 가져야 하는 상황에 처하고 만다. 심지어 메인작가는 월2~30만 원 정도 더 지급해놓고 자신을 굉장히 좋은 작가인양 생색을 내며 갑을 관계를 강화하는 경우도 허다하다.

보조작가들이 낮은 급여로 많은 업무를 하게 되는 이유는 말할 것도 없이 자신의 '입봉' 때문이다. 드라마의 메인작가가 되는 길은 두 가지이다. 하늘의 별따기인 공모전 입상을 통한 '단막극 데뷔'와, 보조작가로 일하다가 생긴 제작사와 인연을 맺은 '제작사를 통한 입봉'이 그것이다. 방송사 단막극 공모전의 길이 점점 좁아지는 것과 달리, 드라마 외주제작사의 영향력은 확장되고 있다. 외주제작사들은 보조작가들의 꿈인 '입봉'을 미끼로 노동력에 대한 보상 수준을 낮추는 방패막이가 된다.

하지만 보조작가가 메인작가로 올라갈 수 있는 가능성은 점점 줄어들고 있다. 유명한 작가가 아니라면 드라마는 제작조차 들어가기 어려워진다. 드라마 제작 예산이 점점 늘어나고는 있지만, 규모가 있는 드라마의 제작 예산을 만들 수 있는 힘은 스타작가에서 나오는 경우가 많기 때문이다. '스타작가'라는 타이틀의 힘이 유명배우의 캐스팅을 가능하게 하고, '스타작가'와 '유명배우'가 투자자들을 모아 예산을 여유롭게 운영하게 하고, 방송국의 편성을 가능하게 한다. 돈을 받아와야만 드라마는 촬영을 시작한다. 이름 없는 작가는 입봉할 수 없다.

그렇기 때문에, 스타작가의 권력은 더욱더 커진다. 스타작가는 보조작가를 데리고 다니며, '스타배우', '제작사 사장'님들과 인사시키고, '방송국 PD'와 같이 밥을 먹는다. 그렇게 '스타작가가 키운 제자'의 위치에 있는 보조작가만 입봉을 할 수 있게 된다. 드라마

✕✕ 드라마 작가 작업실의 모습(ⓒ한여정)

보조작가들이 현장에서 동등한 위치에 있는 사람은 없다. 그렇게 드라마 제작 현장에서 또 하나의 약한 고리는 보조작가가 된다.

"미팅 갈 때, 시나리오를 써요. PD가 손을 잡으면, 이렇게 말해서 거절해야지. 술 마시러 가자고 하면, 저렇게 말해서 거절해야지…"

입봉은 불확실하며, 임금은 낮다. 착취와 성폭력의 위험에 노출되는 보조작가들의 꿈은 지켜지기 힘들고 수많은 작가지망생이 결국 입봉을 포기한다. 그들의 꿈은 쉽게 상해버리기 쉬운 환경에 노출되어 있기 때문이다.

현장에서 그 어느 누구도 생존에 대해 위협 받아서는 안 된다. 그러나 보조작가들은 언제나 안전하지 않다. 보조작가들은 좋은 메인작가와 제작진을 만나는 행운만을 기대하며, 자신의 꿈을 위해 그야말로 악전고투 중이다. 누구나 스타작가가 될 수는 없겠지만 스타작가가 아니라고 하여 자신의 존엄과 안전을 행운에만 기대게 해서도 안 된다.

가장 바람직한 대안은 작품에 참여하는 보조작가에게 근로시간과 업무 영역을 정확하게 고지하고 그에 맞는 정당한 대가를 지급하는 것이다. 대본의 일부분을 보조작가에게 맡겼다면, 이상적으로는 당연히 공동작가 크레딧을 주고 저작권도 그것에 맞게 공유해야 하지만, 우선은 정당한 임금을 지급하는 것부터 시작해야 한다. 이를 현실에서 실현하기 위해서는 방송국과 제작사가 직접 보조작가와 계약기간이 보장되는 고용계약을 맺어야 한다. 메인작가에게 고용관계를 전가해서는 안 된다. 물론 작품이 계약기간보다 일찍 끝날 수도 있겠지만, 그럴 경우 다른 업무를 보조하는 역할을 맡길 수도 있기 때문에 현실 불가능한 대책이 결코 아니다. 이미 CJ ENM에서도 〈혼술남녀〉 사건의 재발방지 대책으로 작가의 직접 고용을 약속한 바가 있다.

또한 제작사나 메인작가 측에서 보조작가를 단순히 한 번 쓰고 버리는 소모품 취급하지 말아야 한다. 착취가 용인되는 이유는 입봉에 의존해야 하는 작가지망생이 자신을 철저한 을이라고 치부하기 때문이다. 하지만 결국 이러한 악순환이 반복된다면 경력과 실력 있는 지망생들이 점점 보조작가 업무를 기피해 드라마의 질까지 저하하게 할 위험이 커진다. 요새는 특히 다양한 영역에서 작가를 필요로 하기 때문에 작가지망생 입장에서 드라마판 내 착취를 견뎌야 할 이유가 없다.

보조작가들의 꿈을 위한 냉장고가 필요하다. 그들의 꿈이 썩어 없어지지 않도록, 상해서 버려지지 않도록 단단하고 성능 좋은 냉장고를 한빛센터는 고민하고 있다. 드라마 산업에서 꿈을 이루려는 이들의 노력이 고될 수 있다. 그러나 그 노력조차 할 수 없게 하는 현장의 악습들은 분명 사라져야 한다.

#11 보통 사람은 가고 싶지 않은 직장
- 드라마 현장의 미래

한 20대 청년이 직장을 알아보고 있다. 그는 연봉과 근무 환경을 살펴봤다. 적성에 맞는지도 확인했다. 앞으로 자신의 커리어가 어떻게 이어질지 역시 고민했다. 그러다 어느 드라마 프로덕션의 구인글을 보게 되었다. 화려해 보이는 직업이었다. 반짝거리는 조명과 빛나는 유명 연예인을 떠올리고 내심 기대하면서 업계 평균연봉과 근로조건을 검색했다.

영리한 20대의 그는 생각했다. 미치지 않고서야 이 일에 자신의 미래를 걸 수는 없다고. 다시 구직 사이트로 돌아갔다.

과거에 드라마업계는 블루오션이었다. '맨땅에 헤딩'을 하면 골이 나오는 식이었다. 개척자들은 드라마라는 미지의 영역에서 나오는

금을 캐갔다. 이렇게 개척된 드라마 세상은 사회의 안정적인 고용 형태와 결합하면서 종사자들에게 희망을 주었다.

하지만 IMF 사태 등을 겪으며 국가의 산업 구조 자체가 전복되었다. 비정규직이 기하급수적으로 늘어났고, 드라마업계에 외주제작사가 정착하면서 고용 시스템이 훨씬 더 불안정해졌다. 2000년대까지만 해도, 드라마 세상은 '아무리 뭐 같아도, 버티기만 하면' 어느 정도의 미래를 보장해주었다. 그러나 지금은 아니다.

지금 스태프들의 불안은 자신이 성공한 감독이 될 수 없으리라고 생각하는 데서 생겨나는 것이 아니다. 그들은 드라마 세상의 모두가 유명해지고 대박을 터뜨릴 수는 없다는 사실을 누구보다 잘 안다. 우리나라의 방송국은 한정적이기에 드라마의 제작 편수 역시 제한이 있다. 감독이 되려면 실력만 필요한 것이 아니며, 운도 필요한 매우 어려운 일이라는 것을 그들은 알고 있다.

하지만 드라마 현장에 감독만 있는 것은 아니다. 팀장, 퍼스트, 세컨드 등 관리자급이 아닌 역할들이라도 저마다 조화를 이루며 드라마를 제작하고 있다. 각 위치에서 전문성이 인정되고 실력만큼의 대우를 받는 그림을 드라마 세상이 그릴 수 있다면, 이제 막 막내로 시작한 스태프도 충분히 미래를 꿈꿀 수 있을 것이다.

"감독(이 되는 것)은 제외한다 치더라도, 각 위치에서 오래 있었을 때 그만큼의 대우를 받으면 되는 거죠. 내 경력과 역량만큼의 대우를 받고, 그 결과로, 내 생활이 불편하지 않을 만큼의 임금이 보장되는 거예요. 내가 좋아서 여기 들어왔는데, 미래의 경제 생활이 보장만 된다면 굳이 떠날 이유가 없는 거죠."

서구권의 드라마 현장에서는 퍼스트를 60세까지 해도 충분히 생활을 이어갈 수 있다고 한다. 조명, 붐맨, 라인맨 등 어느 한 분야에 특화되어, 그 기술만 가지고 해당 직급에서 30년, 40년을 일하는 사람들이 많은 것이다. 그들은 모두 자신의 능력을 유감없이 발휘하며 촬영장에서 조화를 이루고 있다.

"빛이 보이지 않는 어둠 속에 갇힌 느낌이에요. 계속 이 길을 갈 수 있을지 모르겠어요."

어떤 직업이든 막내는 힘들다. 박봉과 심리적 압박을 견디면서 막내가 직장에 출근할 수 있게 하는 것은 미래에 대한 희망이다. 미래가 보이지 않는 어둠 속에서는 누구도 자신의 인생을 그릴 수 없다. 드라마 세상의 막내에게 드라마 세상은 캄캄하다. 그들에게는 이곳을 떠나는 방법 밖에는 남지 않는다.

관리자들도 오늘의 드라마 제작 구조에서 막내들을 '싼 맛에 쓰고 버리는' 존재 정도로만 여기고 있다. 악순환이다. 막내는 '곧 떠날 사람'이므로 잘해 줄 필요가 없으며, 이들은 성장해야 할 존재가 아니라, 일회용품으로 취급된다.

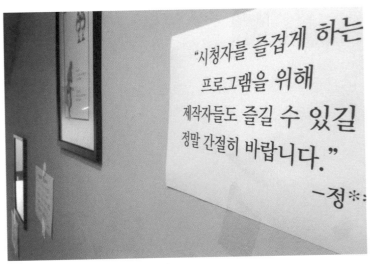

✕✕ 대책위에 도착한 한 시민의 응원 편지

드라마업계의 신규 유입 인구가 지속해서 감소하고 있다는 통계는 지금 상황에 대한 적나라한 결론이다. 좋은 드라마를 만들고자 한다면, 좋은 사람들이 필요하다. 내부 인력은 쓰고 버리는 도구가 아니라, 미래의 현장을 지킬 다음 세대로 여기고 적절한 대우와 교육을 통해 인력풀을 키워야 한다. 드라마 세상의 봄날은 갔다는 사실을 드라마 세상의 많은 사람이 인정해야 한다.

방송국과 제작사, 그리고 정부에서 드라마 현장에 참여한 이들에게 제도를 통해 자랑스럽게 보여줄 미래가 필요하다. 동시에 선배 세대들은 자신들이 가진 것을 나누면서 새로운 세대를 위한 길을 열어주어야 한다. 미래가 보이지 않는 캄캄한 동굴 안 막내들에게 기성세대들이 한 줄기의 빛을 비춰준다면, 드라마 제작 현장

의 청년들도 다시 일어설 수 있다. 미래를 기약하고 새로운 동력
을 얻어 지금보다도 더 아름다운 드라마를 제작할 수 있을 것이
라고 기대한다.

3장 컷

응답하라, 드라마 제작의 미래

#1 해결의 실마리
- '청년'

한빛PD의 명예를 회복하는 과정에서 가장 주요했던 핵심 키워드는 '청년'이었다. 형이 세상을 떠나고, CJ ENM과 싸움을 준비하기 위해 내가 가장 먼저 찾아간 곳도 '청년유니온'이라는 단체였다. 그리고 청년유니온은 'tvN 신입조연출 사망사건 대책위원회'를 이끌며 CJ ENM에게서 공식적인 사과를 받아냈다.

문화 산업에 종사하는 사람들의 상당수가 청년 세대에 속한다. 한빛PD의 사건을 청년이라는 키워드로 풀어냈던 이유도 이것이 청년 세대에게 가장 공감받을 수 있는 이야기라고 생각했기 때문이다. 저임금과 안전하지 못한 노동환경 등 드라마 제작 현장의 대표적인 문제들은 청년이 겪은 주요 노동 문제들과 일치한다. 그렇다고 드라마 현장의 문제를 청년들만의 문제라고 말하기에는 다소 어려움이 따른다. 나이와 세대에 따른 차별을 만드는 구체적인 제도나 관습이 존재하는 것도 아니고, 같은 청년들 사이에서도 갑을 관계가 나뉘기 때문이다. 청년과 드라마를 연결 짓는 것은 모호하게는 가능할 것 같으면서도, 막상 구체적으로 설명하기가 쉽지 않다.

사실 청년이라는 개념은 그 범주부터 모호하다. 가령 서울시에서 운영하는 청년 주택에 입주할 수 있는 대상은 만 19세~34세로 한정되지만, 통계청에서는 29세까지를 청년으로 분류한다. 농활에 가면 50대부터 70대를 아우르는 '청년회'를 만날 수 있다. 범주부터 제각각인 '청년'에게 과연 공통된 '문제'가 존재할 수 있는지 의문을 던지는 것은 매우 적절하다고 생각한다. 청년으로 묶이는 집단 내에서도 성별, 지역, 계급 등에 따라 문제가 생기는 점이 판이할 수밖에 없다. 단순히 나이에 기대 접근하는 청년의 이야기는 한계가 명확한 것이다.

실제로 〈혼술남녀〉 연출팀에서 한빛PD와 계약직 스태프들을 가장 못살게 굴었던 사람은 서른세 살이었다. 대책위 주장의 핵심은 우리 시대의 '청년'을 외면한 방송국을 비판, '청년'에게 희망을 주는 드라마 환경이 조성되어야 한다고 요구하는 것이었다. 그런데 알고 보니 환경 내부에서 희망을 깨버리고 있던 사람도 마찬가지로 청년이라는 아이러니에 직면했다. 한빛센터에 제보된 갑질, 폭언, 성폭력의 가해자도 나이 상으로는 청년인 경우가 많았다. 이렇게 보면 청년 세대라고 해서 딱히 더 나을 것도 나쁠 것도 없다는 생각이 들지도 모르겠다.

그런데도 바로 그 청년이 작은 변화를 이루어냈다. 대책위가 청년이라는 키워드로 풀어냈던 방식이 유효하게 작동한 것이다. 시민들은 대책위가 풀어낸 이야기에 깊이 공감했고, 싸움에 동참하여 엄청난 흐름을 만들어냈다. 대기업 CEO가 직접 구조적 책임을 인정하고 재발방지대책을 마련해서 유가족에게 직접 사과한 경우는 한빛PD 사건이 최초라고 하니, 청년이라는 키워드가 큰 변화를 만들어낸 것만큼은 분명하다. 그렇다면 무엇이 사람들을 추동했는지 다시금 질문을 던질 필요가 있다. 청년이라는 키워드를 통해 어떤 문제의식이 사람들 사이에서 공명되었는지, 현재 청년으로 일컬어지는 사람들은 스스로 어느 위치에 서야 하는지 질문해야 한다. 이러한 질문을 던지는 것이 형이 나에게 남기고 간 과제 중 하나라고 생각한다.

'원래 그랬던' 이 바닥을 향한 거부

"(68혁명의 의미는) 1968년 세대와 그 이후 세대들에게서 보이는 자의적이고 착취적인 권위에 대한 일반화된 무시, 즉 사람들을 무시하는 제도와 가치에 대한 존경심의 결여 및 그에 수반하는 인민의 권리에 대한 자각이었다."

프랑스의 68혁명을 소개한 《1968년의 목소리》(로널드 프레이저, 안효상 역, 박종철출판사, 2002, p.484.)의 한 구절이다. 청년 세대가 만들어낸 변화에 대해 이야기할 때 가장 대표적으로 거명되는 역사적 사건이 바로 68혁명이다. 형과 내가 통했던 부분 중 하나가 바로 이 68혁명이었다. 형이 먼저 이 혁명에 관심을 가졌고, 후에 나에게 영향을 끼쳤다. 68혁명을 해석하는 방식은 달랐겠지만, 우리 집 서재는 그렇게 68혁명과 관련된 책으로 채워졌다.

1968년, 대학생들은 거침없이 거리로 뛰쳐나왔다. 민권운동, 베트남전쟁, 대학민주주의 등 다양한 의제가 혼재돼 있었지만, 그들의 이야기는 공통적으로 기존 서구사회가 가진 권위적인 헤게모니에 대한 저항에서 비롯되었다고 생각한다. 경제적 풍요라는 미명 아래 차별적이고 폭력적인 문화가 용인되었다. 거대한 시스템은 잔혹한 전쟁을 일으키고 민주주의 질서를 헤집어댔지만, 개인은 그저 나약하게 남아있었다. 세계대전을 겪은 기성세대들은 '이 정도'의 폭력은 견딜 수 있다며 변화를 거부하고 구조에 순응할 것을 강요했다. (어디서 많이 들어본 이야기이지 않은가?) 하지만 전후세대의 젊은이들에게는 이 '당연함'을 거부할 수 있는 감수성이 있었다. 그들은 폭력에 저항하기 위해 뭉치기 시작했다. 68혁명을 성공한 설명으로 볼 수 있는지에 대한 의견은 분분하다. 그러나 당시의 청년들이 스스로 무엇을 거부하고 있고 또 무엇을 원하는지 선택하고 외칠 수 있었기에, 여성, 환경, 교육 등의 다양한 영역에서 운동이 확장되고 변화가 만들어질 수 있었던 것이다.

1968년의 이야기를 접하다 보면, 자연스럽게 드라마 현장과 연결되는 점을 발견할 수 있다. '이 바닥은 원래 그렇다'를 외치던 드라마업계는 한류 열풍의 호황 뒤편에서 노동자들에게 인간 이하의 대우를 하고, 폭력을 용인했다. 폐쇄적인 드라마업계는 기성세대가 깔아놓은 부조리한 구조를 공고히 한 뒤 성폭력, 인격모독, 언어폭력을 재생산했다. 한국 사회가 유지해온 특수하고도 고질적 문화 – 요즘은 적폐라고들 부른다 – 를 드라마판에 유입된 청년 세대에게 강요했다.

특히 오늘의 한국 사회에는 청년에게 거짓된 특권의식과 책임을 부여한다. 산업화와 민주화의 혜택을 받게 되면서 '배부르고 자유롭게' 성장할 수 있었다는 특권적 시선이다. 이에 더해 청년들도 기성세대들처럼 '젊을 때 이 정도 힘든 것은 견뎌야 한다'는 식의 책임까지 부여한다. 하지만 IMF 이후 한국 사회의 전반적인 경제 구조가 무너지면서, 자산을 가지지 못한 청년은 '금수저'가 아닌 이상 어떠한 희망도 가질 수 없는 것이 오늘날 조성된 경제적·사회적 환경이다. '힘든 시간을 견뎌내면 성공할 수 있다'는 고진감래의 신화는 이제 허상이 된 것이다. 청년 세대에게 실질적인 자본과 권력은 주어지지 않고, 오로지 상징적 자본만이 청년 세대들을 압박하고 있다. 이 괴리감 속에서 청년들은 자신이 속한 사회를 '헬조선'으로 칭하며 사회에 대한 기대를 지우고 말았다.

다르게 살아갈 수 있다는 자각

'하인리히 법칙'이라는 개념이 있다. 한 번의 비극이 발생하기 전에, 1:29:300의 비율로 관련된 작은 사고와 징후들이 나타난다는 것이다. 우리 사회에는 청년들이 아파하고 있음을 보이는 징후들이 계속해서 터져 나오고 있다. 심지어 이를 위로한답시고 〈혼술남녀〉, 〈미생〉과 같은 드라마들이 제작되기도 했다. 오랜 기간 청년들을 갈아 넣어 유지해온 드라마 현장은 수많은 징후를 묵살하였고, 결국 소중한 한 생명을 희생시켰다. 기존의 구조 속에서 개인이 선택할 수 있는 경우의 수는 단 둘뿐이었다. 저항하다가 사회 부적응자로 낙인찍혀 도태되거나, 아니면 〈혼술남녀〉 연출팀의 가해자처럼 헤게모니를 체화하고 기성세대가 원하는 사람으로 거듭나는 것. 형은 두 선택지 모두에 환멸을 느꼈고, 제3의 길을 열고 새로운 관계를 만들어 이 문제를 극복하고 싶어 했다. 하지만 개인의 노력만으로 사회의 압력에 맞서기란 불가능했다. "너만 잘났어?", "드라마판에 발 못 붙이게 할 거야" 등의 모욕이 가해졌다. 그렇게 소중한 사람 한 명이 나의 곁을 떠나게 되었다.

하지만 드라마 제작 현장의 문제를 해결해나가면서 나는 또 다른 희망을 보았다. 청년이었던 한빛PD의 고민을 많은 종사자가 공유하였고, 그들 스스로 각자의 삶을 돌아보게 했다. 그리고 그들이 더는 눈치만 보고 있지 않게 만들었다. 이런 전향적인 흐름은 '청년'이라는 키워드가 한국 사회에서 가지는 의미를 보다 명확하게 드러낸다. 또한 '청년 문제'를 조명함으로써 시대의 갈망을 다양하게 비추어낼 수 있음을 증명했다. 같은 공간을 점유하고 같은 역사를 경험하며 자라온 사람들이 공유하는 감수성은, 우리가 필요로 하는 새로운 '이상'을 상상할 수 있게 만든다. 거창하게 말하자면, 새로운 상상이란 기성세대의 체계를 뒤집을 '가능성'일 수도 있고, 의식구조에 기반하는 '시대정신'일 수도 있겠다. 오랜 기간 기존의 질서에 타협해 살아왔던 사람들은 쉽게 상상할 수 없는 영역이지만, 청년이라는 이름으로 묶이는 집단은 생존에 대한 간절함을 기반으로 체제를 전복하는 주체가 될 수 있다. 그렇게 청년들이 뭉치기 시작하면 조금 더 나은 사회를 위해 중요한 제안을 하는 존재, 곧 변화의 직접적인 동력으로 거듭날 수 있는 것이다.

기존의 제도와 가치가 결코 옳지 않다는 사실, 그리고 우리는 다르게 살아갈 수 있다는 '자각'. 이것이 형의 죽음을 통해 우리 사회가, 특히 청년 세대가 깨달은 중요한 의미이다.

✕✕ 2017년 노동절, 한빛PD 추모 퍼포먼스를 진행한 청년들

당부와 바람

주제넘은 당부, 혹은 나 자신과의 약속을 적어본다. 좋은 감수성
이 존재한다고 해서 사회가 이에 따라 변화하는 것은 아니다. 사
회의 의식과 체계는 실제로는 주도권을 쥔 집단에 따라 결정된다.
(지금은 '혼술'이란 단어조차 싫지만, 그래도 형이 직접 찍었던, 그래서 내가
세 번씩 돌려보았던) tvN드라마 〈혼술남녀〉에는 이런 대사가 나온다.

> "나는 혼자 마신다. 혼자 마시다 보면, 오늘 하루 힘겹게 눌러놓
> 았던 감정들이 술과 함께 차오른다. 어디서부터 잘못된 걸까? 우
> 린 왜 이렇게까지 돼버렸을까? 답을 낼 수 없는 질문을 하다가도,
> 이내 그냥 내 앞의 진실임을, 내 앞에 놓인 현실임을 받아들여야
> 만 한다. 그러나 그 진실이, 그 현실이 나에게 주어진 끝이 아닐지
> 도 모른다는 희망까지 버리기에는 내 사랑이 지금껏 키워온 이 마
> 음이 너무나 가엽다. 그래서 오늘 마시는 이 술은 용기가 필요해
> 서 마시는 술이다. 맨정신으로는 도저히 할 수 없는 얘기를 할 수
> 있게 해주는 용기."

돌이켜보면 우리는 현실과 맞서는 용기를 가지고 싶었고, 우리
가 희망하는 대안 공동체 속의 삶을 원했지만 함께 할 동료가 없
어 외로웠다. 그 빈자리를 그나마 술이 채워주었기에 〈혼술남녀〉
라는 드라마가 공감을 받을 수 있었다. 하지만 더는 우리의 옆자
리를 술에게만 내주지는 말자. '혼술'은 결국 카메라 뒤의 고민을

혼자 하게끔 만들지만, 사람들이 모인 공동체는 진정으로 당신을 위로해낸다. 외롭게 홀로 있지 말고 모여야 한다. 우리 주변 곳곳에는 당신의 호소를 존중하고, 자신이 속한 공간을 바꾸고 싶어 하는 사람들이 가득하다. 한빛센터도 언제나 청년들과 함께하고 있다.

이 목소리가 힘을 얻는 것은 얼마나 많은 사람이 실제로 모일 수 있느냐에 달려있다. 2017년에 '방송작가유니온'이 창립됐고, 2018년에는 '방송스태프노조'가 출범했다. 두 단체 모두 드라마와 방송업계에 새로운 감수성과 변화를 가져오리라고 확신한다. 2016년 10월, 한빛PD가 세상을 떠날 때의 드라마업계와 지금의 업계는 확연히 다르다. 물론 희망보다 좌절의 경험이 많기에, 청년들이 주도권을 잡는 싸움을 위해 선뜻 뭉치기가 어렵다는 것을 안다. 하지만 결국 한빛PD가 청년들과 함께 CJ ENM을 이겨냈다는 사실에 주목하자. 이 분명한 승리의 사례가 한국의 청년들에게 조금은 달라질 수 있고, 조금은 덜 외로울 수 있다고 과감히 말할 수 있게 해주었다. 다시 당부 아닌 당부를 해본다. 이제는 결핍과 좌절로 인해 홀로 포기하지 말자. 외로움을 사람들과 함께 극복하자.

처음에 던진 질문으로 다시 돌아가 보겠다. 청년들은 간절한 사람들과 그들의 꿈을 갈아 넣어 운영되고 있는 시스템을 자각하고 거부해내는 감수성에 공명한다. 다른 세상을, 그리고 서로 뭉칠 가능성에 응답한다. 물론 사회·경제·문화적 구조로 인한 불안감이 청년들을 흩어놓았기에, 함께 모여 새로운 세상을 꿈꾸라는 외침이 낭만적인 메아리 정도로 여겨질 수 있다. 하지만 헤게모니에 저항하며 조직을 만들고 대안을 찾아 싸운다는 것은 그리 처절하지도, 혹은 불가능하지도 않은 일이라고 확신한다. 청년들은 세상을 향한 때 묻지 않은 애정을 아직 간직하고 있고, 외로움을 극복한다면 그 힘은 더욱 신선하고 강한 동력으로 거듭날 수 있다.

드라마 현장의 변화가 정말 많이 이루어지고 있다. 예술과 노동 사이의 문제도 노동을 존중하는 새로운 감수성을 통해 조금씩 풀리고 있다. 또한 문화, 젠더 등의 영역에서 기존의 폐쇄적인 현장 문화를 전복한 사례도 하나둘 나타나고 있다. 일단 하나둘 모이고 목소리를 내기 시작하면, 변화는 청년들의 감수성과 바람을 채워주는 방향으로 분명하게 일어날 것이다. '방송작가유니온'의 구호를 빌려 외쳐보자. "이제 울지 말고 물자!"

지금껏 모순적인 모습으로 존재한 드라마 현장을, 형의 이야기를 비롯한 다양한 청년들의 목소리가 조금씩 채워나가고 있으며, 앞으로도 그럴 것이다. 치열하게 반짝이며 살았던 형의 이야기를 함께 외치며 살아갈 수 있기에, 나는 돌이킬 수 없는 지난 시간을 후회하지 않을 것이다.

사람들 사이에서 형은 잊혀 가도, 누구도 형의 이야기는 잊지 않을 것이다.

* 이번 절은 연세대 교지 〈015B〉에 2017년 7월에 기고했던 글을 기초로 해서 집필하였다.

#2 대안은 있다 1
- 해외 사례

만드는 사람도 행복한 드라마는 충분히 가능하다. 지금 이 순간에도 혹한을 견디며 촬영을 강행하고 있을 현장에 작은 희망을 선사할 대안은 분명히 있다.

시야를 넓혀보자. 전 세계 많은 국가에서 드라마를 제작한다. 남의 떡이 커 보일 수도 있겠지만, 우리의 현장과 확연히 비교되는 좋은 시스템이 많이 있다. 좋은 모델을 벤치마킹하는 것도 필요한 만큼, 몇 가지 주제를 두고 해외 드라마 산업과 한국 드라마 산업의 차이를 비교해 보고자 한다. 합리적인 비교를 위해, 한국의 드라마 산업만큼의 규모와 역사를 가진 국가의 현장 사례 위주로 언급하겠다.

1시간

"요새 국내 제작사가 중국에 많이 진출하잖아요. 그러면 한국과는 전혀 다른 모습을 보여요. 중국은 여덟 시간 촬영하고 그냥 접고 가거든요. 그래서 한국 사람들도 그 스케줄에 맞춰서 일해요. 그 독하다는 한국 사람들이 말이죠. 한국 사람들이 한국에서 했던 방식에 익숙해서 (한국 방식) 그대로 진행하고 어떻게든 빨리빨리 굴려 보려고 하지만, (중국 스태프들은) 종료 시간이 되면 그냥 다 놔두고 가니까."

국경 없는 글로벌 시대를 비웃듯, 한국만 떠나도 드라마 현장의 노동 문화는 전혀 달랐다. 현장에서 노사 간에 합의한 시간이 준수되지 않으면, 현지 스태프들은 가차 없이 현장을 떠났다. 중국뿐만이 아니다. 옆 동네 일본을 비롯하여 먼 나라 미국, 영국, 프랑스, 스페인도 너무 당연하게 노동시간 관련 규정을 준수하고 있고, 헝가리 등 동유럽 국가들 역시 노동시간만큼은 다른 무엇보다 우선해서 철저히 지키고 있었다.

하루 촬영시간이 8시간, 10시간, 12시간 등 몇 시간으로 제한되는지는 차이가 있지만, 거의 모든 나라에서는 약속한 노동시간이 지나고 나면 촬영 분량이 남았든, 그렇지 않든 스태프들이 퇴근하는 것이 너무 자연스러웠다. 최대 노동 제한 시간은 차이가 있지만, 거의 모든 나라들에서 노동시간이 종료되면 바로 스태프들이 퇴근하는 것도 너무나 자연스러웠다.

드라마 〈아이리스〉 제작진의 경험은 오늘날까지도 많이 회자된다. 〈아이리스〉는 상당한 분량을 헝가리 부다페스트에서 촬영했다. 한참 집중해서 촬영을 이어가던 중 헝가리 현지 스태프들이 촬영을 모두 중단하겠다고 선언했다. 촬영한 지 8시간이 지났다는 이유에서였다. 한국 제작진은 갑작스러운 촬영 중단에 당황했다. 한국 제작진은 해당 분량을 하루에 몰아 찍으면 된다는 생각으로, 너무 자연스럽게 촬영허가를 딱 하루만 받았던 것이다. 그들은 문화유적지에서 촬영을 허가받은 기간이 단 하루임을 강조하며 촬영 재개를 요구했다. 하지만 헝가리 현지 스태프들은 현장 상황과는 관계없이 8시간을 지키는 것이 중요하다며, 모두 촬영을 중단하고 귀가했다. 결국 한국인 스태프들만 그 자리에 남아 촬영을 이어갔다고 한다.

한국과 해외 드라마 제작 현장의 가장 큰 차이는 촬영 일정을 짜는 방식이다. 헝가리뿐만 아니라, 스페인, 미국, 중국, 일본에서 촬영했던 키스태프의 이야기를 들어보면, 그들은 애초에 하루 촬영을 8시간 이하로 고정하고 일정을 세운다고 한다. 단순히 그들의 노동 문화가 한국과 다르기 때문이라고 치부할 수도 있지만, 제도를 통한 규제도 큰 역할을 하고 있었다. 일본의 경우, 규정된 노동시간을 어길 시 페널티가 크고, 초과 임금 수준이 매우 높았다. 장시간 촬영을 강행하는 것보다 사전에 계획을 잘 세워 노동법을 준수하는 방식이 제작진에게도 이로운 것이다. 비단 일본뿐만 아니라, 앞서 언급한 대부분의 나라가 해당 국가의 노동법을 기준으로 촬영 계획을 세운다. 그러다 보니 자연스럽게 스태프의 노동권을 먼저 보호하는 문화가 형성되었다. 살인적인 장시간 노동 문제를 해결하는 방법은 매우 단순했다. 나라마다 있는 노동법을 정확하게만 적용하면 된다. 우리나라도 최근 주당 최대 근무시간이 52시간으로 제한되는 등 노동법 규정이 강화되었다. 새로운 대안을 내놓을 필요도 없다. 방송국과 제작사가 편법을 쓰기 전에, 모든 현장에서 지금 마련되어 있는 노동법을 정확하게 지킬 수 있도록 압박이 가해져야 한다.

문화

"해외 촬영을 하러 가면요, 스태프가 서로에게 특별한 간섭을 하지 않아요. 특히 내 분야가 아닌 스태프들한테는 어떤 문제가 될 만한 대화도 하지 않아요. 그런데 한국에서는, 예를 들어 어그 부츠를 신고 가도 "현장에 그런 걸 왜 신고 와?", 슬리퍼를 신고 가도 "현장에 슬리퍼를 왜 신고 와? 미쳤어?" 이런 얘기를 하거든요. 그런데 중국만 가도 제가 슬리퍼를 신든, 옷을 안 입든, 제가 선택한 것이기 때문에 아무 말도 하지 않아요. 자기가 맡은 일만 잘 처리하면 되는 거죠."

우리나라 드라마업계의 갑을 관계는 현장의 문화를 해치는 데 영향을 주었다. 군대식 도제 문화는 층층이 나뉜 피라미드처럼 위계를 형성하고 기수 간 질서를 고착화했다. 이로 인해 현장 곳곳에서 '내리 갈굼'이 벌어지고 있다. 이 속에서 '슈퍼 을'은 더욱 인간답지 못한 처우를 버텨야 하는 상황이었는데, 해외에는 이런 문화가 없다 보니 갑을 관계에서 비롯되는 인격 모독이 훨씬 덜 한 편이라고 한다.

"미국에서 경험한 일인데요, 밥 먹을 시간이 돼서 밥을 먹잖아요? 그러면 아무도 밥을 이슈로 말을 꺼내지 않아요. 식사 시설이 자연스럽게 한쪽 공간에 마련이 되죠. 누구나 가서 먹을 수 있게 돼 있어요. 심지어 키스태프들은 책임져야 할 일이 많다 보니 밥을 굶고 있었는데, 그건 중요한 문제가 아니었어요. 조수가 혼자만 먹는다고 절대 뭐라고 하지 않죠. 뭐라고 하면 "넌 밥 안 먹고 살아?" 그래요. 인식이 너무 달랐어요. 이건 한국에 들어와서 찍는 영화도 그랬어요. 〈어벤져스〉 찍었던 팀들을 봤더니 역시나 마찬가지였고요."

촬영시간이 자꾸 늘어지고 있는데, 여유가 있던 스태프 누군가가 쪽잠을 자거나 밥을 먹었다면? 한국에서는 하루 만에 소문이 쫙 퍼지고 다시는 업계에서 살아남기 힘들게 된다. 드라마 제작 현장은 다양한 직군이 협업하는 곳이기 때문에, 모두가 동일한 시간에 동일한 강도로 노동을 하지는 않는다. 그런데도 위계질서 때문에 윗사람이 밥을 못 먹거나 휴식을 취하지 못한다면, 아랫사람도 모두 똑같은 상황에 처해야 한다. 그들의 업무가 여유로운지의 여부는 중요하지 않다. 심지어 아예 업무가 없어도 윗사람을 기다리기도 한다.

드라마 제작의 효율성 측면에서, 한국의 기이한 위계질서는 매우 비상식적이라고 볼 수 있다. 해외에서 촬영 협조를 했던 사람들이 이구동성으로 현장의 문화 부분을 지적하는 이유도 이런 이유가 크다. 관리자는 업무의 영역에서만 의견을 제시하고 분업을 지시하면 된다. 조수들의 개인적인 행동에 관해서는 관심을 가질 이유도 없다. 가령 조연출이 조명팀 막내의 작업 태도를 비판해본들 무슨 긍정적인 효과가 있단 말인가? 군대처럼 동일한 업무를 하는 것도 아닌데, 각자가 효율적으로 일할 수 있는 환경만 만들면 된다. 지나친 간섭은 모두에게 부정적인 결과만을 낳을 뿐이다. 심지어 잘못된 공동체 문화가 인격 모독과 성폭력으로 이어지는 경우도 많다. 문화의 문제는 한국 사회 전반에 뿌리내린 의식 문제일 수도 있기 때문에 매우 조심스럽지만, 드라마 산업이 한류 열풍을 타고 세계에 진출하고 있는 만큼 좋지 못한 관행은 빠르게 버릴수록 좋다.

번외, 정말 특별한 한국

한국의 드라마 제작환경은 해외에서도 튄다. 한류 속에서 개별 작품이 각광을 받기도 하지만, 부조리한 노동환경에 체화된 제작진의 행동들이 해외 현장에서 굉장히 이질적으로 드러난다.

> "스페인에 갔는데, 이것들이 잠을 안 재워요. 해외 촬영은 비싸니까 적은 예산으로 최대한 많은 분량을 찍어야 하는 거죠. 그래야 제작비가 줄어드니까. 근데 더 억울한 게 뭔지 아세요? 우리는 스무 시간, 스물두 시간씩 촬영하는데, 스페인 스태프들은 10시간, 12시간 일하고 다음 순번이랑 꼬박꼬박 교대를 해요. 2교대를 준수해야 한다면서. 우리요? 한국인은 그냥 하던 대로 24시간 찍으래요."

같은 현장에 있는 스태프라도 한국 사람은 장시간 노동을 하고, 그 나라 노동자들은 적정 노동을 하는 것이 당연한 분위기가 되었다. 심지어 더 우스운 일도 발생한다. 해외에서 중국 드라마를 촬영하는 데 한국 스태프가 참여할 일이 있었다. 뜬금없이 중국 제작진에서 20시간 이상의 장시간 노동을 계획했다. 한국 스태프가 "중국에서는 장시간 노동이 불가능하지 않느냐"고 질문하니 이런 대답이 돌아왔다고 한다.

> "한국 사람들은 이렇게 일 시켜도 괜찮잖아요."

한류를 타고 드라마만 팔린 게 아니었다. 한국 사람들은 무자비한 노동을 해도 괜찮다는 끔찍한 악습까지도 전 세계에 퍼지고 있었던 것이다. "가장 적은 제작비로 품질 좋은 작품을 만들고 싶으면 한국을 찾아가면 된다"고 밝힌 넷플릭스 관계자의 말은 전혀 달갑게 느껴지지 않는다. 외국에 일하러 가서, 그 나라 사람들은 모두 쉬고 있는데 대한민국 출신이라는 이유만으로 제대로 쉴 수도 없다면, 그런 나라가 정상인 걸까? 우리는 어디서부터 반성하고, 어디서부터 바꿔 나가야 하는 것일까?

제도

영국에서는 스태프 계약서가 책 한 권의 분량이다. 영화나 드라마 제작과 같은 장기 프로젝트의 경우에는 계약 내용이 세부적이어야만 하기 때문이다. 만약 한국 현장처럼 프리랜서 계약 방식을 택한다면, 계약기간부터 시작해 프로젝트와 관련된 지출 범위, 휴가 기준, 작품 성과에 대한 평가 등 세부적인 협의가 필요하다. 방송국의 갑질에 대비하기 위해서라도 영역별로 세부적인 계약 내용에 합의하다 보면, 자연스럽게 계약서의 두께가 단행본 수준으로 두꺼워진다. 게다가 계약에 대한 의무 규정도 구체적으로 정책화되어 있다. 영국뿐만 아니라 미국과 프랑스 등 많은 나라에서도 방송업계의 특수한 노동 형태를 보호하는 제도가 정책상 세밀하게 존재한다.

이들 국가의 공통적인 특징은 방송업계의 노동인권을 보호하는 권익단체가 막강하게 형성되어 있다는 점이다. 현재의 노동자들은 조직 역량을 바탕으로 제도를 만들어왔고, 여러 가지 제도적인 보호 아래 안정적으로 드라마를 제작하고 있다.

남의 떡이 커 보일 수 있다. 예시로 나열된 국가의 시스템이 한국의 드라마 산업 구조와는 매우 다르기 때문에, 이들의 제도를 그대로 받아들인다고 해서 우리 노동자들의 상황이 무조건 나아진다고 보장할 수도 없다. 다만 한반도를 벗어나 보니, 또 다른 세계에서는 각자의 방식으로 카메라 뒤의 사람들을 존중하고 보호하기 위한 최소한의 원칙을 마련해놓고 있었다. 그 원칙이 지켜지는 가운데서 촬영이 이루어지고 있었고, 방송국과 거대자본도 이를 안에서 움직일 뿐이었다. 우리나라도 못 해낼 이유는 없다. 훨씬 더 좋은 양질의 콘텐츠를 제작할 수 있는 사람들이 현장을 지키고 있으니, 이들을 존중할수록 드라마의 질도 분명 함께 오를 것이다. 언제까지 '탈조선'만을 꿈꿀 수는 없다. 지금 우리가 발 딛고 있는 이 현장에서 '탈구조'해보자. 대안은 분명 있다. 시청자와 노동자 모두가 관심을 가지고 대안이 현실이 되도록 한 발 한 발 나아갈 시간이 되었다.

* Health and safety in audio-visual production: your legal duties, HSE(Health&Safety Executive(2018)

〈카메라 뒤에 사람이 있다〉, 故이한빛PD사건 이후, 드라마 제작 현장의 노동실태 개선 국회토론회(2017)

〈한국 드라마 제작 현장의 노동 실태와 지속가능한 대안 모색〉, 드라마 제작 현장 노동인권개선을 위한 대토론회(2018)

#3 대안은 있다 2
- 국내 사례

솔직히 말하자면, 국내 사례를 이야기하는 것이 매우 부담스럽다. 실제로는 좋은 현장이 아닌데, 마치 개인적인 친분이 있어서 특정 드라마를 띄워주는 느낌이 들 수도 있다는 우려가 들었다. 우수한 사례로 소개했는데 알고 보니 문제가 많았던 현장이라면? 그 현장을 소개한 내가 거짓말을 한 꼴이 될 테니 걱정되기도 했다.

그나마 나는 국내 사례를 소개하기 편한 입장이다. 애초에 이 판에 있던 사람도 아니었다. 이해관계자 가운데 드라마업계에서 일하고 있는 사람도 없다. 드라마업계에 있던 가까운 관계의 사람으로는 형이 유일했다. 로비를 받을 일도 없고, 잘 보일 대상도 없다. 게다가 한빛센터로 들어오는 제보가 워낙 많다 보니, 이 제보들 속에서 청정한 드라마를 찾기란 모래에서 진주 찾기 수준이었다. 각종 제보기관에서 단 한 번의 옐로카드도 받은 적이 없는 드라마는 몇 건 안 되기에 매우 특별하고, 그런 제작 현장이라면 유심히 볼 가치가 충분하다. 게다가 미담까지 들리는 현장이라면, 자신 있게 소개해도 문제가 터지지 않을 것이다. 이제 소개하는 국내 사례는 카메라 뒤의 사람을 존중하며 드라마를 제작한 소중한 사례들이다. 투입한 자본이 많든 적든, 이 성과를 시청자와 현장 종사자들이 눈여겨보았으면 좋겠다. 더 많은 사례를 소개하고 싶지만, 이 정도의 사례도 정말 찾기 힘들었다는 사실 역시, 안타깝지만 기억했으면 좋겠다.

●

첫 번째 사례는, 드라마 현장에 관심 있는 사람이면 누구나 한 번쯤은 들어보았을 2018년의 JTBC 드라마 〈밥 잘 사주는 예쁜 누나〉(연출: 안판석/극본: 김은)의 이야기이다.

> "대본이 다 나온 상태에서 PD가 제대로 다 숙지하고 제작에 들어가면 상황이 달라지죠. 저희가 (제작할 때) 하루 중 이동하는 시간이 굉장히 많거든요. …중략… 용산 갔다가, 금천구 갔다가, 상암 왔다가. 또 고양시 갔다가, 연천 갔다가 상암으로 다시 오죠. 이러면 도로에 버리는 시간이 얼마나 많겠어요. 그런데 (PD가 대본을 미리 다 숙지해도) 이런 식의 스케줄이 안 생긴다는 거죠."

> "대본이 다 나온 상태에서, 감독과 키스태프들이 대본을 제대로

숙지하고 스케줄 기획을 합리적으로 짜는 순간 현장이 달라지는 거예요. 1부를 찍든 10부를 찍든, 한 장소에서 찍을 장면을 모아 미리 기획한 구도와 상황에서 차근차근 찍으면, 하루에 기본적으로 대여섯 시간은 세이브되는 거예요."

〈밥 잘 사주는 예쁜 누나〉는 제작진이 스탠바이를 하기 전에 사전에 준비된 대본으로 정확하게 촬영 과정을 기획하고 밑그림을 그렸다. PD는 현장에서 일어나는 불필요한 시간 낭비를 없앴고, 작업에 필요한 사항만 체크하면서 계획했던 시간 내 모든 촬영을 끝마쳤다. 모든 과정은 사전에 제작진이 그려놓았던 순서대로 진행되었다. 미처 기획을 제대로 하지 못하는 바람에, 현장에서 이렇게 저렇게 찍어보느라 시간을 허비하고, 장소도 이곳저곳을 왔다 갔다하는 경우가 허다한데, 〈밥 잘 사주는 예쁜 누나〉의 현장은 대조적이었다. 주연배우들도 불필요하게 시간을 낭비하지 않아서 좋았다며 인터뷰에서 밝힐 정도였으니, 스태프들도 마음이 놓이는 공간이었을 것이다.

다만 〈밥 잘 사주는 예쁜 누나〉가 유일한 모델이 될 수는 없다. 이 드라마의 경우 메인PD가 워낙 유명해서 기본적으로 투자를 많이 받은 작품이었다. 대본이 사전제작 수준으로 준비될 만큼 여유가 있는 현장이었다. 또한 준비시간이 부족했을 때 메인PD와 키스태프들이 천재적인 능력을 발휘해 노동시간을 단축했다는 평가도 있다. 아무나 따라 할 수 없는 탁월한 능력으로 문제를 해결한 것은 좋은 사례가 될 수 없다.

〈밥 잘 사주는 예쁜 누나〉뿐만 아니라, 예능국에서 드라마국으로 넘어와서 제작하는 작품마다 성공한 모 감독님의 경우도 촬영 시간 준수가 철저하다고 평가받았다. 하지만 스케줄을 여유롭게 짜는 행위는 스타감독 정도는 되어야 마음껏 선택할 수 있다. 촬영 일정을 길게 짤 경우 비용이 많이 발생하는데, "나는 사람이 더 중요하니까 애들 좀 재우자"라고 말하며 사전제작을 선언할 만큼 권한이 강한 감독은 현장에 그리 많지 않다. 〈밥 잘 사주는 예쁜 누나〉가 이상적인 현장일 수는 있지만, 이 드라마만을 좋은 사례로 언급하기에는 일반화하기 어려운 측면이 매우 많은 것이다.

"감독과 저희의 관심사는 물론 드라마의 성공에도 있었지만, 누구 하나 상처받지 않는 현장을 만드는 데 있었어요."

드라마 제작 현장은 언제나 변수가 발생하는 곳이다. 천재적 능력을 갖추었거나 방송국과 제작사를 압도할 수 있는 권력을 가지지 못한 이상, 모든 상황을 대비할 수는 없다. 따라서 예측 불가능한 변수를 줄여나감으로써 누가 시작하더라도 안정적으로 제작할 수 있는 현장이 최선의 모델이라고 말할 수 있다. 드라마 〈시간〉의 사례가 그런 경우이다. 이 드라마는 준비 단계부터 노동 존중의 원칙에 따라, 개인의 뛰어난 역량에만 기대지 않고 제작에 착수해 제작을 완료했다. 창작의 과정에는 다양한 변수가 발생할 수 있다. 일단 〈시간〉은 메인PD의 데뷔작이었다. 빨리 찍는 PD가 있고 늦게 찍는 PD가 있으니, 보통 메인PD의 스타일에 따라 사전 준비 수준이 다르다. 그런데 〈시간〉의 경우 이 모든 것을 예측하기 힘들었기 때문에, 애초에 준비 단계부터 모든 제작진이 촬영 시간 엄수를 목표로 하고 제작 상황을 섬세하게 점검했다. 배우도 좋은 현장 만들기에 동참해 목표를 달성하기 위한 기획을 함께했다.

> "창작의 영역이잖아요. 창작은 시간이 걸려요. 근데 충분히 창작할 수 있는 시간을 주지 않고 촬영을 시작해버려요."

좋은 창작은 다양성을 인정하는 데서 출발한다. 그러니 100개의 드라마 현장이 있으면 100개의 스타일이 나타날 것이다. 모든 현장을 일률적인 방식으로 통제한다고 해서 문제가 해결된다고 볼 수는 없다. 오히려 변수를 인정하고, 이후 대책을 어떤 방향으로 마련할지 방송국과 제작진 모두가 합의하는 것이 중요하다. 가령 제작진이 한마음으로 노동법만큼은 지키자고 합의할 수 있다. 합의가 이루어진 현장에서는 문제가 발생하더라도, 한 주를 결방하든, 편성시간을 줄이든 좋은 대책이 나올 수 있다. 기존의 현장은 개인이 안타까운 마음을 가지더라도 결방은 불가하다는 암묵적 규칙이 있었기 때문에 노동이 존중받을 수 없었다. 하지만 공통의 목표가 달라진다면, 현장이 빠르게 변화하는 데에도 결정적인 역할을 해낼 것이다. 〈시간〉은 많은 투자를 받은 작품도 아니었고, 유명한 PD의 작품도 아니었다. 그러나 〈시간〉의 제작진은 결방이 되는 위험을 감수하고서라도 노동시간을 엄수했고, 현장의 문화를 건강하게 유지했으며, 임금 지급의 마지노선까지 지켜냈다. 목표가 분명했기에 자연스럽게 노동권 존중을 이뤄낼 수 있었다.

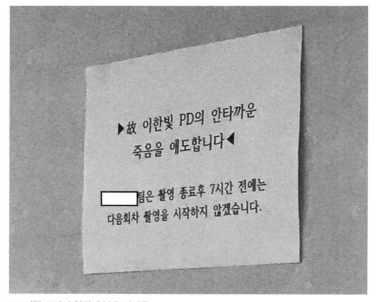

✕✕ 어떤 드라마 현장에 붙은 안내문

"고(故) 이한빛PD의 안타까운 죽음을 애도합니다. ○○○팀은 촬영종료 후 7시간 전에는 다음회차 촬영을 시작하지 않겠습니다."

요즘은 개선된 현장에 대한 미담을 담은 제보도 많이 들어오고 있다. 제작의 시작부터 끝까지 주당 68시간 노동시간을 철저히 준수했다는 드라마 〈해치〉 현장에 관한 보도가 이슈가 되기도 했다. 물론 드라마 산업의 구조 문제가 워낙 심각하다 보니, 양심을 지키려고 노력하는 제작진은 큰 손해를 감수해야만 한다. 대부분의 제작진은 이런 상황에서 손해를 보지 않는 방법을 선택할 수밖에 없다. 양심적인 사람이 피해를 보는 공간은, 상식이 오래 유지되기 힘들다. 현재의 시스템을 유지한 채, 〈밥 잘 사주는 예쁜 누나〉나 〈시간〉, 〈해치〉 혹은 저 익명의 ○○○ 드라마 현장을 무조건 따라야 한다고 생각하지는 않았으면 좋겠다. 구조의 문제는 제도의 개선을 통해 해결해야 한다. 다만, 이들이 지키고자 했던 원칙만큼은 현장의 모두가 공유했으면 좋겠다. 또한 앞선 사례에서 보인 기획 방식은 현장의 문제를 개선하는 데 참고할 수 있을 것이다. 결국 모든 문제는 제도와 인식이 함께 바뀌어야 해결될 수 있다. 잘못된 틀이 있다면, 그 틀은 분명히 깰 수 있도록 노력해야 하며, 현재의 틀 안에서 최대한 노력하는 사람들에게는 많은 지지와 응원을 보내야 할 것이다.

#4 보통의 드라마의 변화 1
- 제도

"정말 바꾸고 싶다."

모순적인 드라마 현장에서도 구조에 편승하지 않고자 각자의 공간에서 부단히 노력해온 사람들이 많이 있다. 이들은 절실하게 제작 시스템의 변화를 갈망하고 있다. 실제로 〈혼술남녀〉 대책위에서 방송국과 싸우는 동안에도, 한빛센터가 출범하고 센터를 운영하는 과정에도, 그리고 이 책을 쓰는 동안에도 본인의 신원을 밝히지 말아 달라 부탁하며 크고 작은 도움을 준 현장의 종사자들이 너무 많다. 하지만 개인의 노력만으로는 드라마 산업 구조의 공고한 벽을 넘어서기 어렵다. 이미 드라마업계는 단추가 잘못 끼워져 있다. 한 걸음 더 나아가기 위해서는 단추를 다시 풀어 다시 잠가야 한다. 제도를 뜯어고치고 새롭게 세팅해야 하는 것이다. 현 시스템에 대한 비판은 지난 2년 반 동안 충분히 이루어졌다. 현실적이면서도 실효성 있는 대안도 다양하게 제시되었다. 이제는 굳건한 마음으로 제도를 바꾸고 새로운 시스템을 정착시켜야 한다. 카메라 뒤의 사람들을 위해 드라마 제작 시스템이 변화하기를 기대하며, 지금까지 제시된 대안들을 하나씩 짚어보고자 한다.

제작스케줄의 변화

우선 드라마가 '전파를 타기 바로 직전'까지의 타임라인이 바뀌어야 한다. 전파를 타기 직전까지 작업이 얼마나 완성되어 있느냐가, 해당 현장의 노동 강도에 가장 결정적인 영향을 끼친다. 현재 대다수의 16부작 미니시리즈 드라마는 4회 방영분까지 촬영이 완료되고, 6회분 정도의 대본이 나온 상황에서 방송을 시작한다. 이 경우 10개의 현장 가운데 9곳은 중·후반부에 접어들어 장시간·고강도 노동에 직면하고 만다. 현재의 방영 전 타임라인대로 제작을 진행하면 중반부터는 콘티조차 제대로 기획되지 않은 '쪽대본'의 길로 들어설 수밖에 없는 것이다. 애초에 장시간·고강도 노동을 예상하지만 누구 하나 타임라인을 수정하려고 하지 않는 것이 문제다. 심지어 몇몇 현장에서는 메인PD가 그마저 써놓은 대본을 한 순간에 뒤엎어버리면서 노동환경을 더욱 악화시키는 사례도 종종 발견된다.

현장의 종사자들은 이구동성으로 말한다. 사전제작이 어렵다면 반사전 제작 시스템이라도 정착해야 한다고. 방영 전까지 4회만 제작해 두는 일정은 지나치게 타이트하다. 최소 8개 이상의 수정 불가능한 대본을 확정해 두고, 최소한 6회분의 촬영을 마친 상태로 전파를 타야 한다. 가장 현실적인 타임라인의 대안은 첫 방송 스케줄에 맞춰 전체 분량의 50%를 찍어 두고, 방송하는 동안 남은 분량의 절반을 찍는 방식으로 가는 것이다. 사전제작된 8회 분량이 방영되는 동안 4회를 찍고, 다시 4회가 방영되는 동안 남은 2회 분량을 찍는 방식으로 타임라인이 수정된다면, 마지막 회가 송출될 때까지 16부작을 안정적으로 끝낼 수 있다. (물론 이러한 타임라인도 연출자가 중간에 대본을 뒤집지 않는다는 전제는 필요하다.) 제작스케줄이 방영스케줄보다 50%씩 앞서나가는 개선안은 현재의 드라마 시스템에 그리 큰 변화를 요구하지도 않는 대책이다. 오히려 스태프와 감독이 여유 있게 촬영 콘티를 기획할 수 있는 시간까지 확보할 수 있다. 특히 언젠가부터 현장에서 사라지고 있는 큐시트도 다시 돌려놓을 수 있다. 촬영 타임라인의 개선과 세밀한 콘티 및 큐시트의 제작은 한국 드라마의 수준 향상으로도 이어지는 일거양득의 좋은 변화인 것이다.

편성시간의 축소

하지만 현장에서는 언제든 변수가 발생할 수 있기 때문에, 장기적으로는 변수에 대응하면서도 노동환경을 보장하기 위해 70분이 아니라 약 50분 안팎으로 편성시간을 줄여야 한다. 미국 드라마를 참고해보면 회당 45분에 주 1회 편성하는 것만으로도 충분히 경쟁력 있는 드라마를 만들고 있다. 지금처럼 드라마에 광고도 붙지 않는 상황에서 70분 편성을 고집하는 것은 방송국 간의 무의미한 경쟁 그 이상도 이하도 아니다.

2018년 지상파 3사는 〈전국언론노조〉와 산별협약을 통해 편성시간 축소를 약속한 바 있다. 하지만 종편과 케이블의 확대로 과거처럼 지상파 방송국이 드라마판을 주도해나가지 못하고 있는 상황에서, 지상파 3사만의 약속은 찻잔 속의 태풍 정도에 그칠 수도 있다. 잠시 편성시간을 줄이는 흐름을 보이다가, 다른 방송국과의 경쟁을 이유로, 다시 70분 편성으로 되돌아가는 일이 벌어질 수도 있다. 유사한 이유로, 편성시간이 줄었다 늘었다를 반복한 역사를 참고해 보아도, 지상파 3사의 편성시간 축소 합의는 아직 문제가 완전히 해결된 것이라고는 볼 수 없다.

이처럼 미완의 대책을 완성하기 위해서는 전체 방송국의 통 큰 합의가 필요하다. 다행히도 최근에 지상파 3사와 언론노조뿐만이 아닌, 방송국 전체를 대상으로 하는 노사정 협의체 구성이 논의되고 있다. 아직 구체적인 모양이 나오지는 않았으나, 정부에서도 서둘러 대책을 내놓고 싶어 하고, 방송국 역시 70분 편성이라는 치킨게임을 끝내고 싶어 하는 입장이기 때문에, 노사정 협의체는 모두의 요구를 만족시킬 수 있는 제도이다. CJ ENM 역시 한빛센터와의 대화 자리에서 향후 개시될 노사정 협의체에 반드시 참여하겠다고 공언한 바 있다. 그러니 이 움직임에 확실히 기대를 걸어볼 만하다. 노사정 협의체의 모습이 이른 시일 내에 구체화된다면, 70~100분이라는 드라마 러닝타임을 잔혹했던 역사로 남게 할 수 있을 것이다.

12 ON 12 OFF

하루 노동시간이 길지 않다고 변명했던 현장은, 알고 보니 대기 및 이동시간을 근무시간에서 제외하고 사실상 하루에 16시간을 일하게 한 곳이었다. 아직도 일부 드라마 제작진은 인건비를 아끼려고 일주일에 3일만 스케줄을 잡아서 하루에 20시간 이상의 촬영을 강행하고 있다. 방송국은 탄력근무제 도입을 고려하면서 주당 100시간 노동을 유지할지도 모른다. 살인적인 장시간 노동을 방지하기 위한 특단의 조치가 수반되지 않는다면, 드라마판 '갑'들은 각종 편법을 통해 현장의 악습을 잔존시키고자 할 것이다.

숲을 바라봄과 동시에 나무가 잘 자라고 있는지도 볼 줄 알아야 하듯이, 제작 시스템 자체에 여유가 생기는 것만큼 하루하루의 노동이 어떻게 벌어지고 있는지 점검하는 것 또한 중요하다. 편성시간을 줄이고, 반사전 제작 시스템을 도입하는 것은 노동 강도를 완화하는 데 분명히 긍정적인 영향을 줄 수 있다. 하지만 언제든 각종 변수가 발생할 수 있는 드라마 제작 현장의 특성상, 노동시간에 대한 아무런 규제가 없을 시 현장의 노동 강도는 어떤 이유로든 다시 극심해지기 쉽다. 정부가 주당 근로시간을 52시간으로 제한하는 것처럼, 드라마 촬영 현장의 하루 노동시간을 규제하는 제도가 뒷받침되어야 한다. 현장의 하루 최대 근무시간을

12시간으로 제한하는 것, '12 ON 12 OFF'가 드라마 현장에서는 절실히 필요하다.

살인적으로 긴 촬영시간에 대한 이슈가 모든 사안을 압도해서 다른 문제가 있더라도 오늘날 현장은 이야기조차 되지 못하고 있다. 그만큼 사람을 벼랑 끝으로 몰아넣는 노동시간 문제에 대한 대책이 하루빨리 나와야만 하는 것이다.

"만약에 촬영시간이 심각하게 길어지는 경우에 강하게 처벌을 받는다면, 제작사가 애초에 스케줄을 그렇게 짜겠어요? 드라마 촬영이란 게, 비용 면에서 페널티를 굳이 감수하면서까지 무리할 필요가 없어요. 외국은 다 규제를 심하게 하니까, 길게 찍어봐야 소용이 없어서 알아서 잘 조절하는 거예요."

✕✕ 야외촬영 중 현장에서 쉬고 있는 스태프들의 모습

카메라 뒤에서 수많은 사람들이 쓰러져가는 동안, 그 누구도 이들의 시스템을 건드리지 않았다. 어려운 일도 아니었다. 그냥 상식적으로 말이 안 되는 행위를 못 하게 하면 되는 것인데, 그걸 하지 않았다. 대다수의 시청자는 드라마를 만드는 사람들이 쓰러져가면서까지 촬영하기를 바라지 않는다. 솔직히 말해 외부자가 보기에는 12시간도 너무 끔찍하다. 현장의 문제를 함께 해결해가고자 노력하는 사람의 입장에서, 겨우 12시간을 주장하는 것에 마음이 쓰리기도 하다. 그렇지만 딱 12시간 만이라도 지켜졌으면 좋겠다. 12시간을 지키는 유일한 방법은 촬영시간에 대한 결정권을 방송국과 제작사에게 맡기는 것이 아니라, 국가와 사회에 맡겨 강력하게 규제하는 방법밖에 없다. 엄격하게 처벌을 하든, 초과 노동시간에 대한 페널티를 강하게 부과하든, 하루라도 빨리 정부가 쓰러져가고 있는 종사자들에게 작은 손길을 내밀어야 한다.

계약의 변화

"드라마 일을 시작한 지 5년이 되었지만, 근로계약서 한 번 제대로 써본 적 없어요."

어떤 나라는 책 한 권 분량의 근로계약서를 쓰는데, 우리나라의 어떤 스태프는 종이 한 장조차 구경하지 못한다. 이들은 노동자가 아니라 '자유롭게 연예인을 보면서 예술을 하고 있는 특이한 사람들'

로 취급당하며, 계약서에 사인할 권리조차 보장받지 못했다. 하지만 이제는 시대가 달라졌다. 고용노동부에서 드라마 스태프의 노동자성을 인정했다. 대법원에서는 배우도 노동자라고 판결했다. 크레딧에 올라오는 모든 사람은 당당하게 노동하는 사람들이다. 조명 장비를 들고 있더라도, 세트장을 꾸미더라도, 카메라의 초점을 맞추더라도, 무대 안에서 주인공을 빛내는 조연으로 연기하더라도, 모두 근로계약서를 쓸 수 있고 써야만 한다.

물론 드라마 작품을 만드는 행위는 다른 노동과 다른 점이 분명히 있다. 그렇기 때문에 드라마 종사자들의 특성을 적절하게 반영한 표준근로계약서를 제작하고 도입해야 한다. 2011년에 영화 업계에서는 표준근로계약서를 개발해 현장에 도입했다. 이후 영화산업노조와 다양한 노동자들의 노력을 통해, 임금과 시간에 대한 구체적인 권리 보장이 명시된 계약이 현장에서 확산되고 있다. 드라마 현장에서도 표준계약서 이야기가 없었던 것은 아니다. 문화체육관광부에서 '방송분야 표준계약서'를 발표하기도 했다. 하지만 현장의 사람들은 표준계약서가 있는지조차 모른다. 스태프들은 프리랜서 취급을 받는 것이 일반화되면서, 어떤 계약을 어떻게 맺어야 하는지 제대로 알지 못한 채, 오늘도 위태위태한 권리를 안고 촬영에 임하고 있다.

그렇다면 드라마 현장에 표준근로계약서를 개발해서 도입하면 어떤 변화를 만들어낼 수 있을까? 우선 '근로시간은 24시간이다', '계약기간은 촬영이 끝날 때까지이다'와 같은 모호하고 위험한 조항의 문제를 해결할 수 있다. 실제로 영화계의 표준계약서에는 초과수당 등 시간 외 노동에 관한 사항이 추가되어 있다. 두 번째로, 정확한 임금 계약을 통해 방송국과 제작사가 일당으로 장난치는 행위를 막을 수 있다. 예를 들어, 사용자가 일급 노동자를 고용할 때 주당 근무일을 줄이고 하루 촬영시간을 과도하게 늘려서 인건비를 삭감하는 편법을 쓰려고 할 경우, '월급제' 계약으로 해결할 수 있다. 때로는 '시급 계약'을 정확하게 맺어서 노동시간이 예상보다 늘어났을 때 정당하게 보상받을 수 있도록 대책을 마련할 수 있다. 드라마업계는 세부 직종마다 이해관계가 워낙 상이하기 때문에, 표준계약서를 통해 각 직종에 적합한 계약 방식을 모색할 수 있다. 세 번째로, 4대보험 가입을 통해 현장에서 발생할 수 있는 돌발 상황에 대비하고 안전을 위협하는 변수에 대처할 수 있다. 스태프들의 아찔한 부상 소식이 연이어 들려오지만 산재보험을 적용받지 못하는 경우가 허다하다. 표준계약서의 도입은 스태프의 보험 가입을 확실하게 보장할 수 있는 대안이 될 수 있다. 마지막으로 표준근로계약서를 쓰는 행위 자체가 사용자와 노동자 모두가 근로기준법을 신경쓰게 만들 것이다. 따라서 제작진이 함부로 스태프를 혹사하고, 고강도의 노동을 부여하는 관행을 조금이나마 주춤하게 만들 수 있다.

요즘 드라마 스태프들에게 제작사와 계약을 맺고 촬영을 시작했다는 반가운 소식이 자주 들려오고 있다. 드라마 종사자들의 표준근로계약서를 통한 근로계약은 예외가 없어야 한다. 근로계약속에는 권리와 관련된 문구를 구체적으로 명시해서, 더욱 더 확실히 보호를 받는 계약이 이루어져야 한다. 정부에서도 계약 의무화 등의 강제조항이 포함되는 정책을 적극적으로 마련해야 한다. 어물쩍 근로계약을 맺지 않고 알음알음 사람을 데려다 쓰는 현장의 관행도 바뀌어야 한다. 당연한 것을 당연한 것으로 돌려놓는 과정에서, 근로계약서를 쓰는 시스템이 정착되는 것이 우선순위임은 분명하다.

드라마 제작 가이드라인 도출

> "새로 들어가는 드라마의 촬영일지가 다음과 같은데, 이렇게 짜면 근로기준법을 준수할 수 있나요? 하루 스케줄을 OO시간으로 잡고, 쉬는 날을 OO만큼 제공하면 법을 지킨다고 볼 수 있나요?"

가끔 모 지상파 방송국에서 일하고 있는 드라마 PD님에게 문의가 온다. 매일 방송국이랑 대치만 하다가, 이런 문의를 받게 되면 조금 어색하긴 하다. 방송국에서 제시한 제작기간과 한빛센터가 제시한 노동시간 사이에서 어떻게든 대안을 찾고 싶어 하는 PD님의 진정성에 정말 감사했기 때문에, 나 역시 적극적으로 고민을 해서 답변을 했다. 그러면서도 방송국이든 제작사든 노동자든 합리적으로 동의하는 기준이 아직 마련되지 않아서 혼선이 오는 상황에 대해 아쉬움을 느끼게 된다.

하나의 강력한 법으로 규제하면 좋겠지만, 드라마 현장의 특성상 변수도 많고 노동 구조도 복잡하기 때문에, 만병통치약처럼 적용할 수 있는 제도를 만들기란 불가능에 가깝다. 하지만 작은 대안의 차원으로, 최소한의 틀을 제공하는 가이드라인은 노사정이 함께 모여 협의하고 구성할 수 있다. 드라마 제작 가이드라인에는 카메라 뒤의 사람들이 지속해서 요구해온 장시간 노동, 낮은 임금, 과도한 편성시간, 턴키 계약 방식 등 여러 층위의 문제를 종합적으로 담을 수 있다. 방송국 관계자들도 노동법에 대해서 제대로 배우지 못한 채 성장해온 역사가 있기 때문에, 도대체 어떻게 제작 시스템을 바꿔야 정상적인 촬영을 진행할 수 있는 것인지 그 방법을 찾지 못하고 있다. 드라마 산업 전체에 적용할 수 있는 제작 가이드라인은 방송국과 제작사, 노동자에게도 정확한 기준을 제시할 수 있을 것이다.

제작 가이드라인 구성과 관련한 논의가 없던 것은 아니다. 과기정통부·방통위·문체부·고용부·공정위 5개 부처가 합동으로 '방송프로그램 외주제작시장 불공정관행 개선 종합대책'을 발표하고 가이드라인 제작에 대한 논의를 진행한 바가 있다. 하지만 무의미한 결과물만 내놓으며 방송업계 사람들을 실망하게 했다. 5개 부처 합동 대책반은 제작 가이드라인을 구성하는 데 있어서, 방송국과 제작사의 이야기만 들었다. 〈방송스태프노조〉라는 엄연한 노동자 대표가 있음에도 불구하고, 이들을 논의에서 제외하였다. 결국 방송국과 제작사의 이권 다툼의 공간으로 변질되었고, 내놓은 결과물은 누구도 신뢰하지 않는 가이드라인으로 전락하였다. 현장의 제작 가이드라인을 구성하는 데 있어서 노사정의 대표가 함께 고민하는 것은 당연한 상식이다. 정부가 보여주기식의 성과에 집착한 나머지 협의가 잘 안 될 대상은 제외했다는 느낌을 지울 수 없다. 만약에 오랜 시간을 두고 관계자들을 설득하며 진득하게 논의를 이어갔으면, 노사정의 협의를 통해 충분히 좋은 제작 가이드라인이 구성되었을 텐데 정말 아쉬움이 크다.

물론 가이드라인 구성 논의가 이번이 마지막은 아닐 것이다. 앞으로도 카메라 뒤의 약자들의 목소리가 커지고, 제작 현장에 대한 연구가 다양하게 이루어진다면, 다음의 기회가 올 것이고, 질 좋은 결과를 낼 수 있을 것이다. 모 방송국의 PD님이 나에게 문의를 한 것처럼, 방송국 및 제작사도 자성이 이루어지고 작은 변화가 이루어지고 있다. 노동자도 모여서 자신의 이야기를 꺼내고 있고, 사회에서도 많은 관심을 가지고 대안을 모색하고 있다. 이제 정부와 정치권만 제 역할을 하면 된다. 이제 제작 가이드라인에 있어서 공은 정부와 정치권으로 넘어갔다. 5개 부처 합동 대책반의 실책을 돌아보고, 더 나은 제작 현장을 위해 적절한 역할을 할 수 있기를 기대한다.

#5 보통의 드라마의 변화 2
– 현장

좋은 제도도 결국엔 사람을 통해서 구현된다. 이번 절은 나 같은 외부자는 어찌할 수 없는, 현장의 사람들이 선택해야 하는 변화에 대한 이야기다. 이 책을 읽는 독자 가운데 현장 종사자가 있다면, 아래의 이야기를 읽고 한 번만이라도 깊이 고민하기를 부탁하고 싶다.

"'노력' 말고 '노조' 하자"

〈혼술남녀〉 대책위를 주도했던 '청년유니온'의 대표 캐치프레이즈 문구 중 하나이다. 현장이 변화하는 데 가장 필요한 것은 두말할 나위 없이 '노동조합(이하 노조)'이다. 나는 나의 형인 한빛PD가 끝내 마지막 순간에 세상을 떠나는 선택을 할 수밖에 없었던 이유는, '동료'가 없었기 때문이라고 생각한다. CJ ENM에는 그때도, 지금도 노조가 없다. 형은 예민하지만 단단한 사람이었다. 사회의 구조적 문제를 쉴 새 없이 마주해왔기 때문에, 단지 사회가 부조리하다는 이유만으로 세상을 포기하지 않았다. 다만 너무 캄캄하고 도저히 빛이 보이지 않을 때, 사람이면 누구나 큰 좌절에 빠질 수밖에 없다. '동료'가 없는 것은 정말 외롭다. 드라마 산업의 부조리를 마치 당연한 것처럼 모두가 받아들이고 있고, 나와 함께 저항할 사람이 아무도 없다면, 그 공간 안에 있는 개인은 어떠한 희망도 찾기 힘들 것이다.

하지만 사람이 모이면 이야기는 달라진다. 같은 문제를 인식하고 있는 사람이 여럿 모이면, 자신이 사회부적응자라 이상한 사람인 것이 아니라, 집단의 구조와 문화가 잘못되었음을 확신할 수 있게 된다. 오로지 개인에게만 전가되고 있는 모순된 상황에 대한 책임을 '노력'해서 버틸 필요도 없다. 드라마 현장의 노동이 다른 업계보다 훨씬 더 열악했던 원인도 극소수를 제외한 종사자 대부분이 비정규직 혹은 계약직인 상황에서, 서로 뭉칠 기회가 없었기 때문이다. 현장의 종사자들도 노동조합의 필요성을 절실히 느끼고 있다. '방송스태프노동조합'과 '방송작가유니온'의 출범은 현장의 분위기 변화를 가시적으로 드러낸 사건이라고 볼 수 있다. 두 단체의 출범 이후, 방송업계의 노동자들은 노조를 통해 뭉쳐서 많은 성과를 이루어내고 있다.

드라마업계의 노동 시장이 워낙 불안하기 때문에, 노조 가입이란 선택을 하기란 쉽지 않다. 관리자의 눈 밖에 나기 쉽고, 하루하루 살아가기도 바쁜데 노조 활동을 병행하기도 어렵다. 실제로 노조원들이 블랙리스트에 포함되어서 제작 현장 곳곳에서 불이익을 받고 있다는 안타까운 제보를 받고 있기도 하다. 그런데도 지금의 상황이 나아지기 위해선 노조로 뭉치는 것이 가장 우선되어야 한다. 첫술에 배부를 수는 없다. 몇백 명 규모의 노조가 몇천 명 규모가 된다면 방송국과 제작사도 노동자들을 이전처럼 얕볼 수 없게 된다. 대형마트 비정규직 노동자들의 승리를 다룬 영화 〈카트〉와 웹툰 〈송곳〉의 이야기는 허구의 이야기가 아니다. 이들의 신화는 가장 열악한 노동 현장에서 시작되었다. 이제 그 신화를 드라마 제작 현장에서 새롭게 써나갈 차례이다.

협상력 확보

드라마 현장의 노조가 강력해질 때 일어날 수 있는 가장 주된 변화를 예측해보자.

"드라마 하나를 기획한다면, 제작진은 노조에 '어떤 스태프가 필요하다'고 요청을 하게 됩니다. 그러면 해당 장르의 드라마에 관심을 가지고 역량을 갖춘 스태프가 노조를 통해 지원하게 되는 거죠. 조합은 스태프의 프로필을 방송국에 제공하고 계약 과정에서 협상을 담당하면서, 이들의 권리를 보장하는 역할을 합니다. 이상적인가요? 지금 말한 내용의 전부는 아니더라도, 어느 정도를 실현하는 나라가 많이 있습니다."

너무 꿈같은 이야기일까? 오늘의 드라마 현장은 제작진이 신종 브로커를 끼고 스태프와 단역을 구할 만큼, 인력을 운용하는 체계도 대중도 없는 곳이다. 더불어 드라마의 장르가 점차 다양해지고 필요한 직능 또한 세분화되면서, 방송국과 제작사의 PD가 적합한 스태프를 찾느냐가 드라마의 성패를 좌우하고 있기까지 하다. 스태프들이 확실하게만 뭉쳐있어도 지금의 갑을 관계를 어느 정도 해체할 수 있는 것이다. 미국, 프랑스, 영국, 독일 등 방송 스태프의 노동권이 잘 보장되고 있는 나라들의 공통적인 특징은 모두 권익단체가 매우 강력하게 형성되어 있다는 점이다. 심지어 영국에서는 노동자들이 프리랜서로 계약을 맺더라도 다른 노동자와 큰 차이 없이 권리를 보장받을 수 있다. 산별노조 체계이든 직능별 권익단체의 구성이든, 특별한 능력을 갖추고 있는 드라마 스태프는 서로가 뭉칠수록 엄청난 시너지를 발휘한다. 이 글을 읽고 있는 당신이 방송업계의 종사자라면, 지금 당장 노조에 가입하시라.

도제 문화의 극복

노조 활동의 장기적인 방향으로는 유럽식의 '조합'을 상상해볼 수 있다. 외국의 방송업계에서는 '길드'와 유사한 형식의 유니온 조직을 어렵지 않게 찾을 수 있다. 한국에서는 드라마 제작과 관련된 공식적인 교육기관이 없어서 자의 반 타의 반으로 도제 문화가 정착되고 말았다. 그러나 도제 문화가 공고하다고 해서 일본처럼 도제식의 강습이 이루어지는 것도 아니고, 그냥 밑바닥을 구르면서

'서당 개 풍월 읊듯이' 촬영 기술을 배우는 방법밖에 없었다. 사정이 이렇다 보니 불필요한 위계질서와 갑을 관계가 공고화되기도 했다. 한류 열풍으로 한국 드라마가 세계적으로 뻗어 나가고 있는 가운데, 제작 기술이 전수되는 방식이 이렇게 후진적인 것은 여러 면에서 문제가 크다. 현재의 낙후한 시스템은 업계로 신규 진입하는 조수들의 권리 문제뿐만 아니라, 장기적인 산업 구조에도 부정적으로 작용할 수밖에 없다.

이제라도 각 팀의 스태프들이 직능별로 뭉쳐서 서로의 기술을 공유하고 조직적으로 체계화된 교육 시스템을 갖추는 것이 필요하다. 역설적이게도, 드라마 촬영과 관련된 학교 기관이 부재해서, 노동조합이 뭉쳤을 때 그 힘이 더욱 배가된다. 드라마는 PD 혼자서 찍을 수 없기 때문이다. 결국 다양한 스태프의 기술이 조화롭게 발휘되어야 하는데, 그 기술은 학교에서 배울 수 없으며 오로지 현장의 스태프들만 알고 있다.

"외국의 유니온과 노동조합에 좋은 사례들 많잖아요. 그걸 목표로 하고 싶어요. 진짜 전문화된 그룹을 만들자는 게 저희의 목표에요. 그 안에서 실질적인 교육과 새로운 인재 양성이 이루어지는 거죠. 그렇게 되면 제작사가 노조를 통해서 스태프를 구할 가능성이 커지겠죠. 스태프의 권리도 자연스럽게 향상되고요. 그렇게 모든 걸 다 해결할 수 있는 그런 조직을 원하거든요, 저희는."

이 인터뷰는 최근 노조 활동을 시작한 익명의 스태프가 바라는 바를 전한 것이다. 물론 현재의 교육 시스템과 도제 문화를 노조가 대체한다는 목표는, 글로 쓰기야 쉽지만 정말 멀고 이루기 어려운 목표라는 것을 잘 알고 있다. 그래도 현장에 있는 종사자들이 노조를 통해 다양한 상상을 할 수 있길 바라는 마음에, 꿈같은 이야기를 풀어 보았다. 하지만 이 이야기가 전혀 현실성이 없는 것은 아니다. 현재 단합된 작은 조직들만으로도 이전과는 확연히 다른 협상력을 보이고 있으며, 노동법 교육, 직능별 교육 등 다양한 프로그램이 현장의 종사자들을 밀어주고 있다.

거대한 갑을 향한 저항

현재 제작사협회의 행보를 보고 있으면 꽤히 걱정이 많아진다. 한빛PD 사건 이후로 드라마 현장의 문제가 이슈가 되고 그동안 목소리를 내지 못한 을이 모이기 시작하니, 거대한 갑들이 반격을 시작한 것처럼 보인다. 대표적인 행보로 〈스튜디오 드래곤〉, 〈몬스터 유니온〉 등의 거대 제작사가 제작사협회에 가입해 몸집을 키웠다. 그들도 가만히 앉아서 당하지 않겠다는 의미다. 드라마 제작 가이드라인 구성이 어설프게 마무리된 것도 제작사협회의 영향력이 대단했기 때문이다. 흩어져있을 때도 무시무시했던 방송국과 제작사라는 갑들이 이제는 하나로 뭉쳐 노동자들을 누른다면, 그 결과는 상상하기조차 무섭다. 그렇기에 대항할 수 있는 사람들을 빠르게 모여야 한다. 거대한 갑에게 저항하기 위해서는, 을이 함께 뭉쳐 큰 힘을 가져야만 한다. 그들이 만반의 준비를 하기 전에 노동자들이 먼저 뭉쳐서, 정당한 권리를 외치고 매운맛을 제대로 보여주어야 한다.

현장의 노동자들이 한빛PD처럼 외롭게 홀로 싸우지 않았으면 좋겠다. 노조는 잘 싸우기 위한 수단이기도 하고, 다른 차원의 상상을 할 수 있는 가능성의 공간이기도 하다. 그렇기에 강조하고 또 강조하고 싶다. 카메라 뒤에 있는 사람들 모두, 노력 말고 노조 하자.

상설협의체

이상적인 이야기를 했으니, 다시 오늘의 현실로 돌아오겠다. 지금 당장 현장에서 활성화되어야 할 대책은 바로 정기적이고 정상적인 상설협의체 운영이다. CJ ENM의 〈故 이한빛PD 명예회복 및 방송 제작환경, 문화개선 약속〉에서 재발방지대책으로 삼은 주요 내용 중 하나가 바로 드라마 현장의 '상설협의체'였다. 방송국과 제작사, 스태프와 연기자 모두 주기적으로 모여서 노동환경에 대해 협의하고, 문제가 발생할 시 종사자들이 협의체를 통해 함께 대책을 마련하자는 취지이다. 협의체는 당연히 CJ ENM를 비롯한 모든 드라마 제작 현장에 갖춰져야 할 기구이다. 비단 드라마 현장뿐만 아니라, 모든 노동 현장은 물론, 마을에 시설 하나가 들어오더라도 협의체 구성이 필수적인 시대다. 드라마 현장에 이제껏 상설협의체가 없었다는 사실이 이 공간의 비민주성을 단적으로 보여주는 사례인 것이다.

상설협의체가 꼭 필요한 이유 중 하나는 드라마업계 종사자들의 다양한 이해관계 때문이다. 가장 표면적인 구도는 정규직과 비정 규직, 방송국 및 제작사와 스태프의 관계이지만, 내부로 조금만 들어가 보아도 그 구도가 이렇게 단순하지 않다는 사실을 알 수 있다. 메인PD와 키스태프는 기존의 틀에서 나름의 권력을 가질 수 있었다. 종사자들의 노동권을 보호하기 위해서는, 권력을 가진 사람들의 힘을 나누는 쪽으로 나아갈 수밖에 없다. 메인PD 바로 아래 기수의 조연출이나 키스태프의 다음 직급에 위치한 일부 퍼스트는 한빛센터의 노동자 권익 보호 활동을 부정적으로 평가한다는 이야기를 종종 듣기도 한다. 조금만 버티면 자기 마음대로 사람들을 부릴 수 있게 되는데, 점점 지켜야 할 사항들이 늘어나는 현재 흐름이 성에 차지 않는 것이다. 이해관계의 문제는 권력의 분배 차원에서 끝나지 않는다. 기술팀, 미술팀, 연출팀이 각자 맡은 역할이 다르고 종사자들마다 일급제, 월급제 등 임금 계약 방식도 다르다. 드라마 산업이 확장되고 새로운 제작방식이 도입되면서 업무도 달라지고 있다. 복잡하게 얽혀있는 현장에서, 모든 문제를 단칼에 해결할 방법을 찾기란 불가능에 가깝다.

뒤늦게나마 CJ ENM이 상설협의체 운영을 약속했고, 이를 공표한 후 2년 정도 지났다. 요식적으로나마 상설협의체가 운영되고 있음은 확인되고 있다. 다만 상설협의체가 어느 정도의 효과를 거두고 있는지는 미지수이다. 일부 현장을 제외하고는 상설협의체가 제 기능을 하지 못하고 있다는 평이 대다수이기도 하다. 상설협의체가 원활히 운영되기 위해서는 다양한 이해관계를 대변할 수 있는 노동자 대표를 뽑아야 한다. 직능, 직급별로 이해관계를 잘 분석해서 각각의 상황을 정확하게 대변할 수 있는 사람들로 대표를 구성해야 한다. 하지만 현재의 협의체는 메인PD와 키스태프를 중심으로 꾸려지다 보니, 협의가 기존의 제작진 회의에서 크게 달라지지 못하고 있다. 물론 이들의 회의라도 주기적으로 열리면 그나마 다행이라고 할 수 있다. 상설협의체가 제대로 기능하기 위해서는 직능, 직급별로 대표자를 뽑고, 협의체 구성원 모두가 동등한 위치에서 논의할 수 있도록 틀을 마련해야 한다. 특히 권력관계가 엄연히 존재하는 상황에서 조수들이 선뜻 협의체 구성에 대한 의견을 내기란 어려울 것이고, 협의체가 구성되더라도 내부에서 적극적으로 입장을 주장하기 힘들 것이다. 따라서 민주적 협의체의 운영을 위해, 높은 직급의 스태프들이 먼저 나서서 수평적 소통이 이루어지는 문화를 정착하려고 노력해야 한다.

우리는 민주주의 사회에 살고 있다. 민주적인 소통과 의사결정에 대해 초등학교 때부터 배웠다. 절대 어렵지 않다. 사람들이 모여서 각자의 이야기를 잘 꺼내기만 하면 되는 것이다. 위계로 점철된 기존의 인식틀을 극복하고, 현장에 수평적 대화 문화가 정착하기를 바란다.

인식과 문화의 개선

마지막으로 오랜 기간 쌓여온 잘못된 인식과 관행을 점진적으로 개선하기 위한 노력을 했으면 한다. 우선 제작진 차원에서 다양한 교육 프로그램을 제공해야 한다. 2016년 10월 개봉한 영화 〈걷기왕〉의 사례를 보자. 〈걷기왕〉 팀에서는 기본 근로계약에 포함된 법적 의무사항을 고지할 때 성희롱 예방교육을 포함시켰다. 성폭력과 성차별 문제를 해결하기 위해서, 영상으로 실시할 수 있던 교육을 강의 형식으로 대체하기도 했다. 현장에서 다양한 폭력의 환경에 놓였던 종사자들이 직접 경험을 털어놓는 자리를 마련해, 현장의 잘못된 인식과 문화를 바꾸고자 노력했으며, 작품을 제작하는 과정에서 발생할 수 있는 다양한 문제를 사전에 방지했다.

카메라 뒤에 있는 사람들은 누구보다도 민감한 감정선을 가질 수밖에 없다. 멋진 드라마를 만들기 위해서 모두가 작품의 스토리와 캐릭터에 집중하고, 공감하며, 감정이입 해야 하기 때문이다. 이러한 노력으로 완성되는 드라마 속 이야기는 정말 따뜻한데, 정작 현장의 분위기는 작품과 너무 다른 세상일 때가 많다. 이 때문에 종사자들은 심한 괴리감과 자괴감을 느낀다. 괴리감을 느끼는 종사자들을 보듬기 위해서라도, 드라마 제작 현장은 따뜻한 곳이어야 하고, 사람을 존중하는 문화가 있는 곳이어야만 한다. 인식과 문화의 개선은 특별한 조치를 통해서 이루어지기는 어렵다. 현장에 있는 사람들이 스스로 오늘의 문화에 대해 돌아보고 양심과 상식이 이끄는 방향대로 움직여야 한다. 〈걷기왕〉의 사례처럼 형식적인 교육을 넘어서, 문화 자체를 바꾸기 위한 자체적인 노력이 필요하다.

함께 한다는 것

> "여기서 일하다 보면, 집에서 가족이랑 보내는 시간보다, 스태프랑 있는 시간이 더 많거든요. 그럼 정이 얼마나 많아지겠어요. 예전에는 끈끈한 관계가 많았는데, 요즘은 그렇게까지 (정이) 있지는 않은 거 같아요. 예전보다 방송 환경이 워낙 안 좋아져서 좀 각박해졌다고 해야 하나. 돈도 얼마 안 주니 밑에 있는 친구들이 다 돈으로 보이고. … 중략 … 지금은 우리 자신도 인식을 좀 바꿔야 할 것 같아요. 우리가 (자신을) 소모품으로 생각하고 있지는 않은가, 생각해요. 물론 크레딧에 이름이 올라갈 때마다 이전과 똑같이 보람을 느끼지만, 관계도 삶도 각박해지니, 아무래도 (보람의 정도가) 예전보다는 많이 낮아졌어요."

한빛PD의 죽음이 강렬하게 현장을 관통했던 이유도, 그가 중간관리자의 당연한 관행을 돌아보고 착취가 아닌 연대를 선택했기 때문이었다. 드라마 산업의 구조적 문제가 심각하다 보니, 내 몸 하나 건사하기 힘들어서 온갖 폭력과 악습이 자행되더라도 그저 외면하고 싶은 마음이 생길 수밖에 없다. 그런데도 다시 호흡을 가다듬고 주변을 바라보았으면 한다. 서로를 위로하고 힘을 주는 관계를 통해 보람을 되찾았으면 좋겠다. 카메라 뒤의 사람들이 서로에게 힘이 된다면, 그들이 만드는 드라마 역시 더 아름다워질 수 있다고 믿는다. 이제는 노조까지 생겼다. 혼자 외롭게 그 짐을 짊어지고 있지 않아도 된다. 함께 뭉쳐 힘을 키워나가고, 그 힘을 다른 종사자들과 나눠 가지면서, 더 나은 문화를 정착시켜야 한다. 만드는 사람도 행복한 드라마는, 시스템과 사람이 모두 변하는 가운데 이룰 수 있다.

* 이종임, 〈한국 드라마 제작 실태와 경쟁구조의 문제점〉, 드라마 제작현장 노동인권개선을 위한 대토론회(2018)

한빛PD 죽음의 의미

티핑포인트 Tipping point

한빛PD의 죽음 이후로 드라마 세상은 변화하고 있다. 열악한 근로 환경과 부당한 대우에 대한 개선의 움직임이 이어지고 있다. 아무리 노력해도 변하지 않을 것만 같던, 단단하고 높은 드라마업계의 벽이 조금씩 무너지고 있다.

드라마업계의 변화가 한빛PD의 죽음이 기점이 되었던 까닭은 그동안의 수많은 부조리와 아픔들이 쌓였기 때문일 것이다. 물이 끓기 시작하는 100도가 변화의 시작점이 되듯, 그동안 누적된 드라마 세상의 슬픔이 쌓이고 쌓여 폭발하는 계기가 한빛PD의 죽음이었다.

가장 보통의 사람

동생이니까 하는 이야기이지만, 솔직히 형은 그렇게까지 바른 사람은 아니었다. 지금은 정말 많은 시민이 감사하게도 한빛PD의 '숭고한' 정신을 이어가고 싶다며 한빛센터를 응원해주고 계시지만, 숭고함과는 거리가 먼 스토리도 아주 많이 기억하고 있다. 소개팅 나간다고 난리를 쳤던 형을 떠올리면, 으아, 너무 오그라들기도 한다. 치열하고 열심히 살았던 사람이긴 하지만, 결코 '열사' 같은 이미지는 아니었다. 미리 변명해둘 겸 여기에 써둔다. 우리 형은 대체로 괜찮았지만, 여느 보통의 사람들처럼 완벽하지는 않은 사람이었다.

XX 한빛PD 생전의 모습

형도 자신을 열사와는 거리가 먼 사람으로 생각했을 것이기에, 먼 훗날 우리가 다시 만나게 되는 때가 오면, 형은 매우 부끄러워할 것이다, 아마도 형의 이름을 따서 센터를 만든 나를 엄청나게 질책하겠지. 너무 늙어서까지 형에게 혼나고 싶지 않으므로 미리 사과한다.

"한빛 형, 미안!"

말단 조연출과의 일체감
한빛PD가 드라마 산업의 전반을 뒤흔든 티핑포인트가 될 수 있었던 이유는 역설적이게도 그가 그렇게까지 완벽한 사람이 아니었기 때문이다. 한빛PD는 보통의 조연출로서 〈혼술남녀〉 드라마 제작에 참여했다.

그러던 중, 드라마 현장 구조에서 발생하는 수많은 부조리와 마주쳤다. 신의 소신과 어긋나는 현장에 실망과 분노의 감정을 크게 느낀 한빛PD는 저항도 하고 도피도 꿈꾸었지만, 결국 좌절했다. 그는 히어로가 아니라 평범한 사람이었기에, 나쁜 세상에 분노했고, 바뀌지 않는 세상에 낙담했으며, 무력한 자신에게 절망했다. 그렇게 죽음을 선택했다. 노력에서 분노로, 분노에서 좌절로 이어지는 가장 보통의 이야기가 바로 한빛PD의 죽음이었다.

그런데 지극히 평범한 말단 조연출의 죽음은 현장의 종사자들과 시민들에게 강력한 자극과 일체감을 주었다. 지금의 시기에 드라마 현장에 있는 사람이라면 누구나 한빛PD의 경험을 본인의 경험에 대입시킬 수 있었다. 아니 어쩌면 세상을 살아가고 있는 모든 보통의 사람들은 한 번쯤 한빛PD가 되어 본 적이 있을 것이다.

그래서 우리 모두는 한편으로는 부끄럽고 미안하면서도, 한편으로는 자신도 똑같이 죽어서는 안 되겠다는 다짐을 하게 된다. 가장 평범한 죽음이었기에 모두가 공감할 수 있었고, 정규직과 비정규직의 구분을 넘어섰기에, 죽음의 아픔이 공유되었다. 정규직과 비정규직으로 대표되는 드라마업계의 대립을 평범한 말단 조연출의 죽음이 해체할 수 있었다. 말단 조연출이 사회에 뿌린 일체감은 변화를 향한 새로운 힘을 모으게 했고, 한빛PD의 죽음은

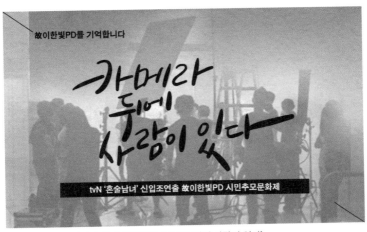

카메라 뒤에 사람이 있다

tvN '혼술남녀' 신입조연출 故이한빛PD 시민추모문화제

✖✖ 한빛PD대책위 및 추모제 대표문구, '카메라 뒤에 사람이 있다'

티핑포인트가 되어 드라마업계의 높고 단단한 벽의 일부를 터뜨릴 수 있었다.

구의역 사건에 대하여, 이한빛 글(2016. 5. 31.)

> 일찍 퇴근해서 시간이 생겼다. 그래서 구의역에 갔다.
>
> 막차가 올 때까지 자리를 지키려 했다. 하지만 그리 오래 머물지 못하고 현장을 떠났다. 슬픔인지 분노인지 아니면 짜증인지 모를, 복잡한 감정이 솟구쳐 머리가 아파 역사를 빠져나왔다.
>
> 구조와 시스템에 책임을 물어야 하는 죽음은 비참함이다. 생을 향한 노동이 오히려 생의 놀씨를 일찍, 아니 찰나에 꺼뜨리는 허망함이 된다.
>
> 이윤이니 효율이니 헛된 수사들은 반복적으로 실제의 현상을 쉬이 짓밟는다. 끝

> 적한 비극의 행렬에 비록 희망을 노래하는 이가 없을지라도, 염치와 반성은 존
> 재할 것이란 기대로 같이 스러진다.
>
> 망하지 않아 망하지 못한 세상이다. 아니 망하지 못해 망하지 않는 세상이
> 맞을런가. 어느 게 정답인지 모르겠다. 둘 중 무엇이든, 답답한 동어반복으로밖
> 에 설명될 수 없는 현실이 다시금 한 삶을 부러뜨렸다.
>
> 얼굴조차 모르는 그이에게 오늘도 수고했다는 짧은 편지를 포스트잇에 남기고 앉
> 다. '오늘'이라 쓰지 않으면 내가 무너질 것 같기에 오.늘.이라 힘주어 적었다.

예수는 죽음을 목전에 두고 불안과 좌절의 모습을 보인다. 예수가
느낀 불안과 좌절은 나약함으로 치부되지 않고 오히려 일체감을
주면서 아직까지도 사람들의 가슴을 울린다. 구의역 사고를 보면
서 분노하고 아파하는 한빛PD는 '막 엄청나게 멋있지는 않지만 대
체로 괜찮은' 우리와 같은 사람이었다. 한빛PD는 그렇게 드라마의
세상에서 가장 보통 사람들이 외치는 목소리가 되었다. 한빛PD의
음성에 세상이 공명한 것이다.

또 다른 보통의 사람

그리고 또 한 명의 보통 사람이 있다. 바로 나의 어머니이자 한빛
PD의 어머니이다. 어느 누구라도 〈혼술남녀〉 대책위의 첫 기자회
견을 보았다면, 어머니의 눈과 음성만큼은 쉽게 잊지 못했을 것이
다. 자식에 대한 확고한 사랑과 믿음, 그리고 그런 자식을 먼저 떠

나보내야 했던 어머니의 너무 안타까운 절규는 누구도 감히 이 싸움을 폄하할 수 없게 만들었다.

전태일 열사의 어머님이신 이소선 씨, 이한열 열사의 어머님이신 배은심 씨, 삼성이라는 거대한 기업에 맞서 싸운 '반올림'의 부모님들, 그리고 세월호로 자식을 떠나보낸 부모님들, 우리는 가장 평범한 사람이 '단장의 아픔을 가져다주는 죽음'으로 인해 어떻게 변하는지를 목격해왔다. 그리고 슬픔을 승화해 만들어내는 기적들을 경험해왔다.

기자회견은커녕 시위와도 상관없이 살아왔던 평범한 한 사람이 자식을 떠나보내며 삶이 급격하게 변화하였다. 변화한 삶을 꿋꿋이 받아들이고 살아가는 어머니들의 모습을 보면서, 시민들은 공감과 반성을 통해 하나의 힘으로 응집할 수 있었다.

"엄마, 너무 감사합니다."

지난 1년, 나에게건 시간만 멈춘 게 아니고 한빛에 대한 기억도 멈췄다. '지금 여기' 한빛을 이야기하고 싶은데 '그랬었는데… 그랬지…' 자꾸 과거로만 돌아간다. 언젠가 4월에 노란 리본을 내 가방에 달아주며 "엄마, 기억하기 위한 작은 의식이에요. 우린 연대해야 하고요"하며 불편해하지 말라고 했다. 기억… 이제 나는 한빛을 기억해야 한다. 함께 걸어가고 같이 살아가야 한다. 나 스스로 한빛을 부활시키기 위해 할 길이 많다. 당당해야 한

다. 잘 살아야 한다. 한빛에게 그동안 나는 너무 많은 것을 받았고 특히 한
빛은 나의 삶에 희망이었으니까. 정말 난 한빛에게 갚을 것이 많다. 한빛
아 고맙다. 다 갚을게.

－'이한빛PD 1주기 추모제' 김혜영 어머니 추모사 중(2017. 10. 26.)－

✖✖ 대책위 1차 기자간담회 한빛PD 어머님의 발언 모습

가장 보통의 드라마

"처음 드라마업계에서 일을 시작할 때만 하더라도, 만들고 싶은
드라마가 있었어요. 하지만 이제는 작품이 끝나도 작은 보람조차 느
끼지 못하고 있어요. 그냥 쉬고 싶다는 생각뿐이에요."

꿈에 지쳐버린 한 스태프의 무기력한 이 이야기는 드라마 현장의

문제를 어디서부터 개선해야 하는지를 명확하게 보여준다. 카메라 뒤편의 세상, 그중 가장 어두운 곳에 있는 사람들이 겪는 아픔은 드라마 현장을 개선할 시작점이 된다.

그래서 한빛PD가 겪은 아픔은 드라마 제작의 구조적 한계로 한정되지 않는다. 한빛센터의 모든 활동은 드라마를 만드는 가장 보통의 사람에서 시작한다. 가장 보통의 사람이 아파한다면, 그 문제는 한빛센터에게 가장 중요하고도 시급히 해결해야 할 사안이다.

지금까지 '가장 보통의 드라마'는 약자에 대한 착취로 가득 찬 범죄 및 조폭미화물이었고, 새드엔딩으로 마무리되었다. 이제는 '가장 보통의 드라마'가 성장드라마가 되고 해피엔딩으로 마무리되길 바란다. 그렇기에 나와 한빛센터는 활동의 본질을 잃지 않을 것이다. 카메라 뒤에 서 있는 보통 사람들의 이야기를 놓치지 않겠다.

가장 보통의 사람들이 아프지 않은, 가장 보통의 사람들이 희망을 품는, 또 다른 이한빛의 아픔이 발생하지 않는, 보통의 드라마를 만들고 싶다. 구조를 바꾸기 위한 여러 가지 대안과 정책을 치열하게 고민하면서 만들겠지만 그 시작점은 언제나 카메라 뒤의 가장 어두운 곳이 될 것이다.

이미 시대는 한빛PD의 아픔과 외침에 공명하고 반응했다. 그의 아픔에 공감하는 슬픔의 시간은 더 나은 사회로 나아가는 기반이 될 것이다. 한빛센터는 한빛PD의 죽음이 절대 헛되지 않도록 그 의미를 되새기며 계속 앞으로 나아갈 것이다.

용산참사

김혜영

2009년 1월 용산참사 비극이 일어났다. 신문 사진을 보면서도 믿어지지 않았다. 정지된 흑백사진인 양 아주 먼 과거의 역사 기록물로 간주해버리고 싶을 정도였다. 아니, 내 돈 내고 들어갔다가 내내 공포감 속에서 후회만 했던 재난영화의 한 장면처럼, 이런 상황이 실제로 벌어질 수는 없다고 생각했다. 너무 긴박하고 무서웠을 텐데도 속수무책이었을 그 좁은 공간에서, 불에 휩싸여 죽어갈 수밖에 없었을 공포의 상황이 실제였다. 기사를 읽으며 마음이 무척 무겁고 떨렸다. 진실규명을 위한 유가족들의 처절한 울음소리를 방송을 통해 들으면서 나는 그들에게 가까이 가지는 못했다. 솔직히 나는 이런 상황이 무서웠다. 마음으로는 함께 울었지만 행동으로까지는 쉽게 용기를 못 내는 게 나의 한계였다.

그래서 항상 마음이 무겁고 우울했다. 누군가 용산에 다녀와

SNS에 올린 글을 읽으면 그들의 용기가 부러웠다. 끊이지 않고 함께 하는 이들이 있어 이 세상은 살만하다 하면서도, 정작 나는 한 번도 가보지 못했다는 부채감이 숙제처럼 남아있었다. 도봉역에서 1호선만 타면 갈 수 있는 곳인데, 하면서.

그렇게 긴 시간이 흐른 후, 용산참사 마지막 추모미사가 열린다는 소식을 듣게 되었다. 이번에도 안 가면 평생 후회하며 살게 될 것 같아 꼭 가리라 결심했다. 그때는 겨울이었다. 마지막 추모미사가 있을 그날 갑자기 남편이 시골에 가야 한다고 했다. 이상하게 한빛과 한솔이 선뜻 대답을 안 했다. 남편이 다른 일정이 있냐고 물어보니, 한빛과 한솔은 마지못해 알겠다고 하면서 대신 출발시간을 늦추면 안 되냐고 말했다. 남편과 아들들의 대화를 들으며, 두 아들의 사정이 그렇고 하니 이번에는 나도 추모미사에 참석할 수 있겠다는 생각이 들어 선약이 있다고 말했다. 그렇게 우리는 각자 따로따로 일정을 보내고 늦은 밤 기차시간에 맞춰 용산역에서 만나기로 했다. 나는 추모미사 시간에 맞추어 일찍 출발할 준비를 했다. 그런데 일이 잘되려고 한 건지, 남편에게도 볼일이 생겨 자연스럽게 다음 날 아침 일찍 용산으로 떠나게 되었고, 추모미사 중간에 기차를 타러 나가야 하는 부담도 덜었다.

서울의 환한 밤 풍경과는 달리 주변은 깜깜했다. 조금은 두렵고 가슴이 아팠다. 어디가 어딘지도 모른 채 그저 사람이 많이 모여 있을 듯한 곳을 찾았다. 좁고 긴 골목에서 미사 준비를 하고 있었다. 골목에는 이미 많은 사람이 웅크린 채 길게 줄지어 앉아 있었다. 앞사람 뒷모습만 보고 주춤주춤 빈자리를 찾아 앉았다. 추웠다. 맨바닥에서 스멀스멀 기어 올라오는 찬 기운에 뼈까지 얼어왔다. 추위에 워낙 약한 나는 미사를 드리는 건지 추위와 싸우는 건지 겨우 한 시간인데도 고통스러웠다. 당장이라도 뛰쳐나가고 싶었다. 겨우 단 하루 참석하고는 이러고 있는 나 자신이 많이 부끄러웠다. 여기서 처절하게 진상규명을 요구하며 긴 나날을 살고 있는 유가족과 신부님, 시민단체에 미안했다.

영성체를 하려고 줄을 섰는데 낯익은 뒷모습이 보였다. 저 앞에 한솔이가 서 있었다. 설마 했는데 진짜 한솔이었다. 한솔아, 하고 조그맣게 부르니 한솔이도 뒤를 돌아보았다. 나를 보고는 머쓱해했다. 엄마가 소심한 걸 알기에, 엄마가 불안해할까 봐 말하지 않고 온 것이었다.

그런데 미사가 끝나고 나오다가 좁은 골목 끝에서 한빛을 만났다. 반가우면서도 묘했다. 송경동 시인의 용산참사 관련 시집을 신부님의 강권(?)에 2권 샀는데 두 아들의 손에도 같은 시집이 들려 있었다. 훗날 원룸으로 이사하면서 살펴보니, 책꽂이에 꽂힌 이 시집들과 《지금 내리실 역은 용산참사역입니다》(작가선언 6·9, 실천문학사, 2009) 등 용산참사 관련 책이 10권이 넘게 있었다. 한빛에게 "친구들 나누어 주지"라고 말하니, "많이 주고 남은 거예요. 가지고 있는 친구들도 있고요"라고 한다.

나중에 한빛의 친구들을 통해 한빛이가 용산참사에 대해 깊은 관심이 있었고 용산참사 피해자들을 위로하기 위해 추모행사에 많이 참석해 함께했다는 것을 알았다. 이렇게 사는 게 잘못 사는 것은 아니라고 생각한다. 상식적이고 건강한 삶이라고 생각한다. 그런데 왜 이러한 삶을 살아온 한빛은 우리 곁을 빨리 떠났을까? 그리고 왜 나는 이런 장소에서 잠시나마 한빛과 한솔이를 만난 것을 불편해 했을까?

2017년 4월 18일 기자간담회를 통해 한빛의 죽음을 처음 공론화하고 다음 날부터 CJ ENM 앞에서 1인 시위를 했다. 한빛 죽음에 대한 진실 규명과 회사의 공식 사과, 방송노동 현장의 문제 해결을 위해서였다. 한솔이가 귀대 전날 1차로 나섰다. 나는 1인 시위를 해 본 적이 없었고 어느 누가 남의 일에 관심을 두고 행동을 보태줄까, 속으로 걱정했었다. 그런데 많은 분이 1인 시위에 함께 해 주셔서 예약(?)이 밀릴 정도였다. 그중 전재숙 어머님(용산참사 故이상림 열사 부인)도 힘을 보태주셨다. 한빛이 용산 농성에 함께했다는 것을 건너건너 전해 들으시고 1인 시위에 함께 하시겠다고 자청하셨다고 했다. 나중에 대책위로부터 그 말을 전해 듣고 가슴이 뭉클했다. '함께 돕는다는 것은 우산을 들어주는 것이 아니라 함께 비를 맞는 것'이라는 글귀가 현실적으로 뜨겁게 다가왔다.

고맙습니다. 큰 위로가 되었습니다.

* 해당 글은 한빛PD 어머님이 한빛PD를 기억하기 위해 한빛미디어노동인권센터에 지속적으로 연재하는 글 가운데 하나이다. 2018년 8월에 쓰였다.

카메라 뒤에 가다

이한솔

2018년 가을, 드라마 촬영장에서 잠시 일을 했었다. 취업은 예상보다 쉽게 할 수 있었다. 현장 인력을 연결하는 중개업체는 주로 '쉽게 쓰다 말아도 되는' 사람을 찾았다. 불안정한 일자리의 특성으로 인해, 오히려 나는 까다로운 절차나 확인 과정을 거치지 않고 나름 손쉽게 취업(?)할 수 있었다.

"방송 노동환경 개선을 위한 한 줄기의 빛이 되어보자!"라며 그럴싸하게 한빛센터를 출범시켰지만, 막상 실전에 뛰어드니 현장 경험이 없다는 점은 언제나 콤플렉스처럼 다가왔다. 드라마업계의 문제를 해결하겠다면서 내놓은 솔루션이 실효성은 있는지 확신하기 어려웠다. 하루하루 터지는 제작 현장에 대해서 휘뚜루마뚜루 대응하는 것은 아닌지 조바심도 났다.

따라서 현장에 직접 들어가 보는 활동은 선택의 차원이 아니라,

한빛센터의 일을 위해서라면 반드시 해야 할 일이었다. 다행히 기존 직장의 업무가 가을에는 여유가 생기는 편이어서 단기간은 양해를 구할 수 있었고, 드라마 현장에서도 단기간만 일하는 말단 역할을 찾았기 때문에, 조건이 딱 맞아떨어졌다.

✕✕ 드라마 세트장 뒤의 모습

한빛센터는 다양한 방식으로 현장의 사람들과 마주한다. '미디어신문고'를 통해서 제보를 받기도 하고, '미디어노동자쉼터'를 상암동에서 운영하며 종사자분이 편하게 쉴 수 있는 공간을 제공하기도 한다.

살인적인 노동 현장 문제로 시급한 개선이 필요할 경우, 현장을 방문해서 시위하거나 실태조사를 진행하기도 한다. 많은 기회를 통해 현장의 종사자를 만나고 있지만, 지금까지도 노동자분들을 만나는 매 순간은 시종일관 매우 조심스럽다. 모든 문제가 웃으면서 대화로 해결된다면 좋겠지만, 좋게좋게 사건이 풀리지만은 않는다. 때로는 방송국과 제작사가 정신이 번쩍 들 만큼 귀찮고 신경 쓰이게 만들어야 할 때도 있다. 이 모든 행동이 현장의 종사자분들에게 작은 도움이 될까 해서 신중히 선택한 결과였지만, 마음 한구석에는 과유불급이진 않을까, 걱정도 많았다.

한빛센터는 애초에 돈을 벌거나 권력을 가질 필요가 없다. 오로지 방송업계의 노동환경이 나아져서 한빛PD의 바람이 조금이나마 실현되는 것에만 목적을 둔다. 그런데 지금까지의 활동이 혹여나 현장의 종사자들에게 너무 과한 부담이 되었거나 피해를 주었다면, 단체 출범의 본래 취지가 무색해지기 때문에, 쉽게 고민이 해결되지 않았다.

이러한 고민의 연장선에서 이번 현장 취업은 떠들썩하게 하지 않도록 주의하며 '한빛센터의 역량 강화를 위한 경험'이라는 목적에만 집중하기로 했다. 제보가 들어오지도 않은 현장을 굳이 긴장시킬 필요는 없었다. 제보는 한빛센터가 현장의 종사자에게 널리 알려진다면 언제든 들어올 것이며, 제보가 왔을 때 대응을 잘하면 되는 것이었다. 이번에는 나름 조용하고 무난하게 한 명의 종사자로서 드라마 제작의 한 퍼즐 정도를 수행하기로 했다. 그렇게 새벽 다섯 시 촬영장으로 향하는 버스의 출발지인 여의도로 향했다.

주위 사람들은 '위장 취업'을 하는 활동과 같다고 말했지만, 사실 거창한 목표는 없었다. 암행어사처럼 현장을 돌아다니며 잘못된 제작진을 발견할 때 멋지게 싸울 생각은 애초에 하지 않았고, 스태프분들을 노조에 가입시키고자 설득하지도 않았다. 정말 현장 경험이 없어서 경험을 쌓으러 간 것이다. 드라마업계의 감을 익히면서, 한 명의 노동자로서 드라마가 완성되는 과정에 온전하게 참여해보고 싶었다.

나의 형이 1년 동안 애정을 가지고 버텼던, 드라마 제작 현장에 나도 발을 디디고 서보는 경험을 꼭 한 번 해보고 싶은 마음도 컸다.

"저는 오랜 꿈이니깐 그냥 남아있을 수 있죠."

촬영장의 시스템적인 문제는 역시나 당연하게 재현되고 있었다. 말과 글로만 듣던 현실을 두 눈으로 생생하게 볼 수 있었다. 이 와중에 현장의 구조적 결함보다 더 쓰라리게 기억된 것은, 그 속에서 당사자들이 한 마디씩 꺼낸 말들이었다.

"보통은 반찬만 주는데 오늘은 밥을 줘서 좋아요. 3일 동안 밥을 안 주는 것은 기본인데 말이죠."

같이 밥을 먹던 동료 한 분이 기뻐하며 넌지시 던진 말에 입맛
이 싹 떨어졌다. 어떤 드라마 현장에서는 방송 일정을 맞춘다고 밥
도 제대로 주지 않다가, 나중에 스태프들에게 초코바 몇 개를 던
져주고 끝냈다고 한다. 한빛PD가 떠난 지 2년 반이 되어가고 있었
지만, 현장에서 사람들이 기뻐하고 있는 부분은 '밥을 주는 것'이
었다. 부끄러움과 죄책감이 확 올라오는 가운데, 오로지 이를 더
악물고 밥을 목구멍으로 넘길 수밖에 없었다.

쉬는 시간에 스태프 한 분과 대화를 할 기회가 있었다. 영화 제
작을 공부하는 학과를 나와서 FD, 조연출, 단역 등등 이것저것 직
군을 돌아다니며 5년을 일한 사람이었다. 누가 봐도 이 판에 풋내
기 같은 나를 보면서, 갑자기 드라마를 '얼마나' 좋아하는지를 물
어봤다. 그러더니 이렇게 말을 이어갔다.

"여기 일, 좋아서 하지 않으면 못 버텨요. 저는 오랜 꿈이니깐 그
냥 남아있을 수 있죠."

너무 안타까운 말도 말이지만, 그때의 스태프 분의 절실한 눈빛
은 절대 잊지 못할 것이다. 새롭게 들어온 사람에게 아무런 기대도
주지 못하는 공간이라니. 현실의 어려움을 견딘다는 핑계로 꿈이
전락하고, 꿈을 이유로 묵묵히 버텨야만 하는 현장이라니. 당시 그

이야기를 하는 동안의 적막함은 가을이 되어 불어오는 바람의 한 기만큼이나 강렬하게 내 몸에 남아버렸다.

사실 현장 취업의 주된 목표는 실패했다. 얼마 못 버티고 나의 신분(?)이 노출되어버렸다. 현장의 관리자 중 한 사람이 모두가 있는 곳에서 "한빛센터에서 감시하러 왔어요?"라고 말하자 순식간의 전체 분위기가 싸해졌다. 그 이후에는 서로가 어색하게 촬영을 진행할 수밖에 없었다. 일부러 현장에 피해를 주려고 간 것은 아니었지만 결과적으로 죄송한 일을 만들고 말았다. 후담이지만, 심지어 2주 정도 지났을까, 해당 드라마가 한빛센터로 제보되어서 마치 내가 적발한 것 같은 분위기가 되었다.

물론 이번에는 너무 쉽게 생각해서 죄송한 일을 만들긴 했지만, 그래도 포기하진 않을 것이다. 현장을 또 찾아가든, 다른 방식을 찾든, 종사자분들에게 피해가 가지 않는 선에서, 이들의 이야기를 듣고 문제를 해결하기 위해 다방면의 노력을 절대 끝내지 않을 것이다. 이 책을 읽고 있는 종사자분들이 계시다면, 한빛센터와 함께 더 나은 제작환경을 위한 기획을 참여해주시길 다시 한번 부탁드린다.

현장의 일을 마치고 집으로 돌아오는 길에, 혼란스러웠던 머릿속이 한 문장 정도로 정리되었다.

"이 사람들이 정말 행복하면 좋겠다."

드라마 최종화가 끝나면 마지막 장면에 스태프의 사진을 보여준다. 이때가 카메라 뒤의 사람들이 카메라 앞으로 나오는 처음이자 마지막 시간이다. 형이 세상을 떠난 이후로는 드라마가 아무리 해피엔딩으로 끝나도, 이 장면이 나올 때면 마음 한구석이 꾹꾹 쑤셨다. '저기에 우리 형이 함께 웃으며 서 있었으면 얼마나 좋았을까' 1분가량 흘러가는 스태프들의 사진을 보며, 쓸데없는 상상이 멈추지 않고 머릿속을 맴돌았다. 현장에서도 비슷한 감정이 나를 채웠다. 예쁘고 멋진 연예인들보다도 어수선하게 뛰어다니고 있는 스태프가 눈에 들어왔다. '내가 언제 이 사람들과 관계를 맺었다고 이렇게 특별하게 되었지?', '수많은 드라마 장면보다 왜 더 마지막 그 장면이 강렬하게 남지?' 현장에서 일하면서 머릿속에 수많은 질문이 떠오르는 것을 멈출 수 없었다.

한창 CJ ENM과 싸우던 시기에, 나는 군 복무 중이었다. 훈련이 끝난 뒤 다른 동기들이 모두 쉬고 있을 때도, 나는 드라마 시스템과 관련된 자료를 하나라도 더 읽기 위해 밤을 지새웠다. 하루라도 더 빨리 밖에 나와서 〈혼술남녀〉 스태프분들을 찾아다니며 진상조사를 해야만 했기 때문에, 안 해도 될 일을 하면서까지 휴가를 악착같이 모았다. 혹시나 휴가가 잘리면 안 되기에, 저급한 인성의 간부가 모욕을 주더라도 웃으면서 대답을 했다. 이때의 기억 때문인지, 지금도 군복을 보거나, 총소리가 들리거나, 뉴스에 기무사 이야기가 뜨면, 섬뜩한 감정이 올라오는 것을 막을 수가 없다.

고백하자면, 카메라 뒤의 사람들을 볼 때마다 감정이 우중충해지는 이유는 형이 그곳에 없기 때문이기도 하지만, 치열하게 버틴 지난 시간에 대한 감정이 이 순간 몰아치는 것 같아서이기도 하다. 나에게 '드라마'는 정말 어렵고 무서운 대상이지만, 또 한편으로는 삶의 일부가 되어버렸다. 결국 드라마업계의 노동 문제가 해결된다는 것은 끈질기게 버텨온 지난날에 대한 보상 같기에, 이 문제가 해결될 때까지 나는 결코 관심을 끌 수가 없다. 카메라 뒤의 사람들이 행복해진다면, 형 앞에서도 더욱 당당해질 수 있고, 나 스스로에게도 위안을 줄 수 있다. 그렇기에 언제 끝날지 모르는 여정을 밟으며 오늘도 열심히 나아가고 있는 것이다.

※ CJ ENM 앞 릴레이 1인 시위하는 모습

"이 사람들이 아프지 않으면 좋겠다."

만드는 사람이 아프지 않은 드라마를 정말 보고 싶다. 평생 관련 없을 줄 알았던 드라마업계의 일이 내 삶이 되어버렸지만, 딱히 억울하거나 후회스럽지는 않다. 그저 이 일이 한빛 형 앞에서 떳떳할 수 있는 유일한 선택지이다. 이 공간을 외면하고 산다면 어떻게 살더라도 마음이 편치 않을 것이다. '이왕 이렇게 된 거'와 같은 마음이라 해도 괜찮다. 정말 카메라 뒤의 사람들이 행복하다면, 나 역시 함께 행복해질 것이라 확신한다. 방법은 잘 모르겠지만, CJ ENM이 공식 사과를 한 것처럼, 한 걸음 한 걸음이 작은 변화를 만들어낼 낼 수 있으리라. 그리고 언젠가는 종사자들도 보람과 즐거움을 찾으며 촬영에 임할 수 있을 것이다. 정말 그런 날이 온다면, 나는 드라마가 끝나고 나오는 스태프들의 모습을 보면서도 가슴이 쿡쿡 쑤시는 것이 아니라, 애틋하게 바라볼 수 있을 것 같다.

저기 어딘가에 함께 웃으며 있었을, 한빛 형을 기억하면서.

후원에 대하여

이한빛

유럽에서 돌아오니 6주 인턴십 급여가 통장에 박혀 있었다. 근로 계약에 따라, 용돈이 아닌 생계를 목적으로 행한 노동의 대가를 받은 건 이번이 처음이다. 시작이 중요하다. 첫 월급이라서, 모아 놓은 게 없어서, 돈 갚아야 하니까, 집 살 예정인데 등, 단서조항 붙이면 영원히 미루게 된다.

 인턴 월급의 일부는 후원금으로 무조건 쓰기로, 인턴 시작할 때쯤 결심했다. 얼마 낼지 나름 6주간 고민거리였는데, 급여가 짜니 10% 낼까, 그래도 20%는 내야 하지 않을까… 뭐 그런 계산을 하곤 했다. 막상 월급을 받으니, 얼마 되지도 않는데 10~20%를 누구 코에 붙일까 싶어 절반을 확 질렀다. 나중에 후회하겠지만, 아직은 기분이 좋다. 후원한 두 곳이다.

416 연대

세월호 후원은, 월급으로 어딘가에 후원해야겠다고 결심하자마자 거의 동시에 결정했다. 한국 사회에서 누가 안 그러겠냐만은, 그만큼 분노가 컸다. 어설프게나마 정립해온 나만의 세계관도 참사를 겪으며 꽤 바뀌었다. 세월호 침몰 당시엔 군 복무 중이었다. 휴가 때 몇 번 농성장에 가곤했지만(군인 정치활동 금지? 징집병의 오프듀티 중 정치활동이 군의 신뢰와 무슨 연관이 있는지 노이해), 솔직히 사안의 무게감만큼 열심히 관심을 두고 함께하지 못했다…. 치유든 대결이든, 세월호로 아파했던 이들이 적어도 지금보단 웃을 수 있기를 바라는 마음으로 후원금을 보냈다.

KTX 해고 승무원

KTX 승무원의 투쟁은 2006년에 시작됐다. 법원에서 해결하기로 한 게 2007년 말이니, 08학번인 내가 직접 연대한 투쟁은 아니었다. 문서로만 읽는 과거의 투쟁이었으며, 2010년 정도부턴 좋은 소식도 들려오는 승리한 투쟁이었다. 그리고 2015년 갑자기 현재의 투쟁이자 안타까운 투쟁이 되어버렸다. 2010년 고법에서 승무원들이 승리하면서 철도공사는 승무원들의 월급을 지급했다.

그러고는 5년 뒤 대법이 철도공사 손을 들더니, 그간 받은 돈까지 내놓으라고 했다. 승무원 1인당 토해내야 하는 돈이 8,600만 원이란다. 기사를 처음 읽고 몇 분간 멍했다.

법원에 뒤통수 맞은 승무원분들의 짐을 내가 보낸 후원금으로는 거의 덜어드리지 못한다. 하지만 나만 후원하는 것이 아님을 알기에 희망을 품는다…. KTX, 이랜드, 기륭, 청소노동자. 이들 비정규직 당사자들의 싸움이 인식을 바꿔냈으리라. 그런데도 정작 승무원분들은 자신들이 바꾼 세상의 행복을 누리지 못하고 있다. 세월호 다음으로 KTX 승무원을 선택한 이유다. 공개적으로 글도 올렸겠다, 앞으로 정식으로 월급을 받으면 후원도 정기적으로 해야지. 할 일이 참 많다.

* 해당 글은 한빛PD가 2016년 3월 첫 월급을 받고 자신의 페이스북에 올린 글을 다듬은 것이다.

세월호 1주기를 기억하며

이한빛

벚꽃이 흐드러지고 초록색 풀 내음이 가득하지만, 4월은 여전히 춥다. 인간은 망각의 동물이라 이 단출한 사실을 잊고, 코트를 옷장 깊숙이 집어넣고 4월의 추위에 물씬 혼나기를 반복한다. 이번에도 시각과 후각이 내뿜는 봄기운에 취해 서늘한 추위를 피하지 못했다. 그런데 올해, 4월의 추위가 유독 얇은 옷에 가려진 살갗을 아프게 찌른다. 작년 이맘때쯤도 이렇게 추웠으리라 생각하니 가슴 한쪽이 철렁한다. 따사로운 햇볕을 압도하는 추위에 떨며 차디찬 바다에 부려져 있었을 아이들이 떠오른다. 옷깃을 여미면서도 대체 무슨 자격으로 추위를 피하려 했는지 죄스럽다. 인간에게 '공감'이란 능력은 불행의 이유이기도, 행복의 원천이기도 하다. 자기가 아닌, 내가 사랑하는 사람, 함께 지내온 사람의 일에서, 아는 사람이 아닌, 그저 뉴스 영상과 신문활자로 만난 타인의 삶에서 우리는 아파하기도 하고, 기뻐하기도 한다. 하물며 누군가 겪는 고통이 간접적이나마 내가 방치하고 외면한 세상의 부조리에서 기인했다면, 생판 모르는 사람의 아픔일지라도 우리의 심장은 아려온다.

1년 전 4월 16일, 맹골수도란 생소한 이름의 바다에서 세월이란 불길한 이름의 배가 가라앉았다. 휴전선 북쪽처럼, 이곳이 수십 년 전처럼 모든 정보가 통제되어 아무것도 알지 못하는 곳이었다면, 차라리 덜 고통스러웠을까. 그날 우리는 TV, 인터넷, 라디오, 사무실, 학교 어디서든 실시간 전해지는 소식을 들었다. 전원구조라는 속보마저 허무하게 배가 뒤집혀 침몰하는 순간, 우리는 모두 직감했다. 이제 인간이 가진 공감 능력이 끔찍한 고문으로 다가올 것임을, 상상할 수 있는 잔인한 순간을 살아내야 할 것임을. "가만히 있으라"는 방송과 대통령의 7시간, 과적, 불법증축, 항로변경, VTS 교신과 같은 말들이 왕왕 시끄럽게 울렸다. 그러나 무엇 하나 피해자와 유가족, 우리 마음의 침몰을 막을 생각이 없었다. 왜라는 질문을 던지기도 지친 이들 앞에서 책임회피와 패륜, 교통사고라는 말장난이 어지럽게 오갔다. 다시 찾아온 4월의 추운 바다, 아홉 명의 실종자 옷깃을 여며줄 목소리는 들리지 않는다. 전문가든 권력자든 잘난 똑똑이들이 지껄이는 소리에 묻혀 이젠 울음소리마저 들리지 않는다.

어느새 1년이다. 계절은 한 바퀴 돌아 제자리로 돌아왔지만, 세상은 얄궂게도 한 걸음 한 걸음 나아갔다. 해경은 해체됐고, 일인지하 만인지상 총리가 교체되었다. 여럿이 옷을 벗고 감옥에 갔으며 무수한 법안이 통과됐다. 사회의 다른 분야도 안전이라는 이슈에 반응하며, 뚜벅뚜벅 발걸음을 옮기고 성찰과 개선의 과정이 이어졌다. 예능과 드라마를 송출하지 못한 방송가에 콘텐츠가 부족하다는 반성이 제기됐다. '추모정국'에 마땅한 프로그램이 없어 몇몇 프로그램을 우려먹은 후다. 치어리딩이 사라진 야구장엔 응원문화에 대한 재평가가 이뤄졌다. 언론인들은 자신의 보도행태를 비판하며 자체 규범을 만들었다. 수상구조함의 음파탐지기가 조잡한 공구로 바뀐 방산 비리가 확인되어 별들이 줄줄이 엮여 나왔다. 하나하나 '위대한' 진일보를 살펴보니 우리의 머리를 울리는 문장은 하나뿐이다. 그래서 어쩌란 말인가.

인양이든 진상규명이든 시행령 철회든 책임자 처벌이든 재발방지 대책마련이든 어려운 말들이 아직도 날아다닌다. 여기에 앞으로 벚꽃과 꽃샘추위를 볼 기회를 빼앗긴 아이들의, 여전히 항구를 떠나지 못한 가족들의 외침에 귀 기울이는 이는 있는가. 공감 능력을 갖춘 인간이라면 느껴야 할 아픔과 부채, 책임감을 통감하는 사람들은 존재하는가. 한국 사회의 적폐라는 게 얼마나 대단하기에 300명이 넘는 생명이 꺼져버린 이후, 1년이 넘도록 이토록 변죽만 울릴 수 있을까. 그게 정말 적폐의 문제라면, 이를 만들고 쌓아온 기성세대를 힐링하는 영화에 천만 관객이 그해 여름 함께 우는 것은 잔혹동화의 장면인 듯싶다. 하긴 자식을 잃은 아픔에 곡기를 끊은 이들 곁에서 햄버거를 먹는 초현실주의적 행위예술로 우리의 잔혹함은 충분히 증명되었지만.

우리의 공감은 다시 노란 리본을 달고 촛불을 켜는 데 그쳐선 안 된다. 1년이란 시간은 이미 우리의 공감 능력의 부재를 알리는 경고등이다. 구조적 죽음 앞에서 무책임한 존재임을 입증하는 건 이만하면 됐다. 누구를 콕 집어 탓할 수 없다. 304개의 미래를 꺼버린 책임을 n분의 1로 나누는 일도 멈춰야 한다. 파렴치한 입들에 재갈을 물리고 변죽을 두드리던 장단을 세워야 한다. 비명소리, 울음소리에 공감하자. 충분히 늦었다. 아니 작년 4월 16일 우린 이미 늦었다. 인양과 시행령, 진상규명과 같은 과제들은 우리가 인간성을 회복하는, 살아있는 존재임을 증명하는 가장 첫 번째 작업이다. 우리가 걸어야 할 진정한 진일보는 그로부터 시작된다.

＊해당 글은 2015년 4월, 한빛PD가 세월호 1주기를 추모하며 개인 블로그에 올린 글을 다듬은 것이다.

가장 보통의 드라마
: 드라마 제작의 슬픈 보고서

초판 1쇄 발행 ┃ 2019년 6월 30일
초판 2쇄 발행 ┃ 2019년 12월 16일

지은이 ┃ 이한솔
펴낸이 ┃ 이은성
펴낸곳 ┃ 필로소픽
기획·마케팅 ┃ 김경준
편　집 ┃ 백수연
디자인 ┃ 이윤진

주소 ┃ 서울시 동작구 상도동 206 가동 1층
전화 ┃ (02) 883-3495
팩스 ┃ (02) 883-3496
이메일 ┃ philosophik@hanmail.net
등록번호 ┃ 제 379-2006-000010호

ISBN 979-11-5783-151-7 03300

필로소픽은 푸른커뮤니케이션의 출판브랜드입니다.

이 도서의 국립중앙도서관 출판시도서목록(CIP)은
서지정보유통지원시스템 홈페이지(seoji.nl.go.kr)와
국가자료공동목록시스템(www.nl.go.kr/kolisnet)에서
이용하실 수 있습니다.(CIP제어번호: CIP2019018584)